Jimi Balladeer

Unsere globale Welt erfordert globale Lösungen

- Gedanken zu einer neuen Weltordnung -

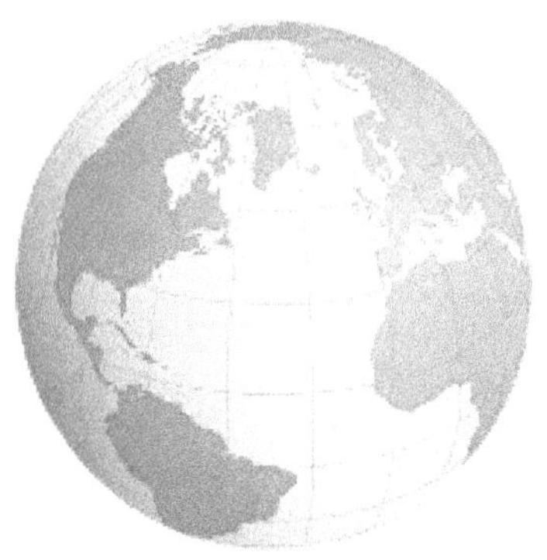

Impressum

„Unsere globale Welt erfordert globale Lösungen"
- Gedanken zu einer neuen Weltordnung -
Autor: Jimi Balladeer
18. Fassung Februar 2026 (Erstausgabe: Juni 2018).

Dies ist ein "lernendes" Buch: Der Autor arbeitet neue Erkenntnisse zu den beschriebenen Visionen und konstruktives Feedback seiner Leserinnen und Leser laufend ein.

Email: JimiBalladeer@gmx.de

Buchcover und Grafiken: www.pixabay.com

Vom gleichen Autor sind bei Amazon auch erschienen:

- Mit gutem Gewissen gut leben
  Tipps für ein gutes Leben - nachhaltig und global
- Das Hoffnungsbuch - Warum wir trotz globaler Probleme hoffungsvoll der Zukunft entgegensehen dürfen
- Das Jahrzehnt der Entscheidungen
  - Was auf der Agenda der Menschheit für die Jahre 2020 bis 2030 unbedingt stehen sollte
- Drei Schlüssel für das Leben in einer besseren Welt
- Seelengespräche
- Ich denk' nicht oft an dich - Gedichte eines Musikers

Alle Bücher sind als ebook und als Taschenbuch erhältlich.

Die Musik von Jimi Balladeer kann auf www.bandcamp kostenlos heruntergeladen werden.

Entweder als Solo-Künstler unplugged (https://jimiballadeer.bandcamp.com/) oder mit seiner Band Fretless Fun (https://fretlessfun.bandcamp.com/).

Chronik der Ergänzungen/Änderungen:

2.-3. Fassung Sept./Okt. 2018	Sprachliche Anpassungen.
4. Fassung Dez. 2018	Ergänzung "Epilog" und "Modell Europa". Neuaufnahme "Vision 8", "Modell Deutschland" und "Ausblick".
5.-9. Fassung Dez. 2018/ Juli 2019	Inhaltliche Ergänzungen.
10.-11. Fassung Sept. 2019	Neues Layout. Neuaufnahme "Teil 7". Bebilderung der Visionen. Inhaltliche Ergänzungen.
12. Fassung Dez. 2019	Inhaltliche Ergänzungen, insbesondere Darstellung der "Zielkonflikte" bei jeder Vision und Statements zu "Öko-Diktatur" und zur Realisierbarkeit der Ideen.
13. Fassung Febr. 2020	Inhaltliche Ergänzungen (insbes. "Cradle to Cradle"-Philosophie). Kürzung der wörtlichen Zitate.
14. Fassung Juli 2020	Nutzung der „5-Why-Methode" bei jeder Vision. Aufnahme des Gemeinwohlprinzips für die Vision 6.
15. Fassung Oktober 2020	Vergleichsberechnung: Was können die Bürger/innen zur Vermeidung der Klimakatastrophe konkret beitragen? Ergebnisse des „Register ökologischer Bedrohungen" (ETR).
16. Fassung August 2021	Ergänzung der Vision 7. Ergänzung des Epilogs. Ergänzung des Zeitplanes.
17. Fassung Oktober 2022	Ergänzung „Lastenausgleichsgesetz" (Vision 7) Ergänzung „Nutri-Score" (Vision 4)
18. Fassung Februar 2026	Alle Daten und Verlinkungen aktualisiert. Inhalt teilweise gekürzt.

Danksagung

Ich danke meiner Familie, meinen Verwandten und den vielen Freundinnen und Freunden, die sich mit den verschiedenen Versionen des Buches beschäftigt und mir wertvolle Tipps gegeben haben.

Auch danke ich den prominenten Leserinnen und Lesern, insbesondere Herrn Prof. Dr. Ernst Ulrich von Weizsäcker (bis 2018 Ko-Präsident des Club of Rome), Herrn Prof. Dr.-Ing. Joachim Hornegger (Präsident der UNI Erlangen-Nürnberg), Herrn Dr. Michael Münnich (Referatsleiter im Bundesministerium des Innern, für Bau und Heimat) und Herrn Bedford-Strohm (Landesbischof der evangelisch-lutherischen Kirche in Bayern) für ihre konstruktiven Feedbacks.

Ich danke auch dem Leibnitz-Gymnasium in Altdorf, das mir die Möglichkeit gab, mit Schülerinnen und Schülern einer 10. Klasse über mein Buch zu diskutieren.

Besonders beeindruckt aber hat mich, dass sich meine Mutter bis ins hohe Alter von 96 Jahren intensiv mit den in diesem Buch behandelten anspruchsvollen Weltthemen auseinandersetzte …

Inhalt

Prolog

Wenn man sich die alljährlich erscheinenden langfristigen Trend-kurven der "rationalen Optimisten" um den Oxforder Ökonom Max Roser anschaut, bekommt man das gute Gefühl, dass sich auf unserer Welt alles zum Besseren wendet[1]:

* *Die Armut hat weltweit massiv abgenommen. Lebten vor 200 Jahren noch 90% der Menschen unter der Armutsgrenze, sind es heute nur noch unter 10%.*

* *Konnte um 1900 nur jeder fünfte Mensch lesen und schreiben, ist es heute umgekehrt - nur jeder fünfte ist Analphabet.*

* *Wurde ein Mensch in Deutschland im Jahr 1875 im Schnitt 38 Jahre alt, bringt er es heute auf 81 Jahre.*

Auch der schwedische Medizinprofessor Hans Rosling macht uns Mut. Zum Problem der drohenden Übervölkerung der Erde pro-phezeit er, dass die Erdbevölkerung ab dem Jahr 2050 nicht mehr wachsen wird. Auf unserem Planeten werden dann zwar elf Mil-liarden Menschen leben, aber die Erde wird sie problemlos ernäh-ren können.

Rosling glaubt auch, dass der Mensch schon aus seinem Selbster-haltungstrieb heraus den Klimawandel stoppen wird und dass die Zahl der extrem Armen, die von weniger als 1,25 US-Dollar am Tag leben müssen, in den nächsten zehn, fünfzehn Jahren gegen Null geht[2].

Auch Roslings Sohn Ola bietet auf seiner Internet-Plattform[3] inte-ressante Fakten:

---

[1] Quelle: Website von Max Roser „Our world in data" (https://our-worldindata.org/)

[2] Quelle: Anna, Hans und Ola Rosling: «Factfulness. Wie wir lernen, die Welt so zu sehen, wie sie wirklich ist», Ullstein, 2018.

[3] Quelle: Website von Ola Roser (www.gapminder.org)

- *Die Kinderlähmung ist fast ausgerottet. 2015 wurden nur noch 60 Fälle gemeldet, während es im Jahr 1988 noch 350.000 waren. Dank der Impfprogramme können heute nach Schätzungen der WHO 13 Millionen Menschen laufen, die sonst durch Polio gelähmt wären.*
- *Die Kindersterblichkeit hat sich seit 1990 von 12,7 Millionen Kindern unter fünf Jahren auf 6 Millionen halbiert.*

Der "Club of Rome", ein Zusammenschluss von Experten verschiedener Disziplinen aus mehr als 30 Ländern, sieht dies etwas anders. Im Jahr 1972 schockierte er die Welt mit dem Bericht "Die Grenzen des Wachstums". Damals wurde prophezeit, dass der Menschheitswunsch des endlosen Wirtschaftswachstums durch schwindende Rohstoffe und massive Verschmutzung unseres Planeten zu einem Kollaps der Systeme führen werde. Das ist (bis jetzt) gottseidank nicht eingetreten, aber in dem Bericht des Club of Rome "Wir sind dran"[4] (erschienen im Jahr 2017) wird die Grundaussage von 1972 aufrechterhalten: Die Fortsetzung des herkömmlichen Wachstums werde zu einem gewaltigen Zusammenprall mit den interplanetaren Grenzen führen. Nur wenn die in dem Bericht natürlich auch enthaltenen Vorschläge zur Gegensteuerung umgesetzt werden, könne dies vermieden werden.

Da aber auch die Vereinten Nationen (UN) die globalen Probleme erkannt und in der "Agenda 2030"[5] 17 Ziele für nachhaltige Ent-

---

[4] Quelle: Ernst Ulrich von Weizsäcker, Anders Wijkman. Wir sind dran. Club of Rome: Der große Bericht (https://www.randomhouse.de/Buch/Wir-sind-dran.-Club-of-Rome:-Der-grosse-Bericht/Ernst-Ulrichvon-Weizsaecker/Guetersloher-Verlagshaus/e529351.rhd)

[5] Quelle: Agenda 2030 für nachhaltige Entwicklung – eine Menschenrechtsagenda (http://www.humanrights.ch/de/menschenrechte-schweiz/aussenpolitik/aussenpolitik-diverses/entwicklung/agenda-2030?gclid=EAIaIQob-ChMIqNOa2Or12gIVCS0ZCh0TdAeIEAAYASAAEgJjmfD_BwE)

wicklung formuliert haben (politische Zielsetzungen, die am 1. Januar 2016 mit einer Laufzeit von 15 Jahren in Kraft traten), könnten wir alle eigentlich relativ gelassen unserer Zukunft entgegenblicken.

Ja! Wenn es nicht so viele beängstigende Fakten gäbe, die dafür sprechen, dass wir das alles derzeit wieder aufs Spiel setzen[6]:

- Der Weltklimavertrag von Paris wurde als Durchbruch für den Klimaschutz gefeiert. Die Realität sieht anders aus: Aktuell werden mehr als 1.600 Kohlekraftwerke geplant und gebaut und der globale CO2-Ausstoß steigt Jahr für Jahr.

- Der größte börsenorientierte Ölkonzern der Welt, ExxonMobil, plant seine Öl- und Gasförderung von 2017 bis 2025 um ein Viertel zu erhöhen. Insgesamt 200 Milliarden Dollar will der Konzern ausgeben, um fossile Energien zu fördern und seinen Gewinn bis 2025 zu verdreifachen.

- Seit Ende des 20. Jahrhunderts haben sich die Flüchtlingsbewegungen globalisiert. Mitte 2015 waren laut dem UNHCR weltweit etwa 60 Millionen Menschen auf der Flucht, im Jahr 2017 waren es schon 68,5 Millionen. Noch sind die reichen Länder davon nicht besonders betroffen, da 85% der Geflüchteten nahe ihrer Heimat in Ländern mit niedrigen und mittleren Einkommen Zuflucht gefunden haben. Aber die Staatengemeinschaft schafft es nicht, die Fluchtursachen durch konzertierte Aktionen wirksam zu bekämpfen.

- Der Regenwald im Amazonasgebiet wird fortwährend zerstört. Nach neuesten Schätzungen sind bereits 20% der ursprünglichen Waldfläche verschwunden; bei 25% könnte der Kipppunkt erreicht sein - mit schwerwiegenden Folgen für das Weltklima.

---

[6] Ausführlichere Erläuterungen und Quellen sind in meinen „Sieben Visionen" zu finden

- Die Luftverschmutzung nimmt zu. Mehr als drei Millionen Menschen sterben jedes Jahr weltweit durch die Folgen von Feinstaubbelastung.

- Deutschland hat aus guten Gründen den Atomausstieg beschlossen, aber weltweit werden neue Atomkraftwerke gebaut.

- Auf der Erde existieren 15.400 Atomsprengköpfe in 9 Ländern. Atomare Abrüstung ist kein Thema, im Gegenteil, Nord-Korea und die USA lassen immer wieder ihre Muskeln spielen.

- Die für die Menschheit überlebenswichtigen Ressourcen der Erde - wie sauberes Wasser und fruchtbare Böden - werden immer mehr von den reichen Nationen ausgebeutet. 800 Millionen Menschen weltweit haben z.B. keinen Zugang zu sauberem Wasser.

- Etwa 700 Millionen Menschen auf der Welt haben nicht genug zu essen und müssen von weniger als zwei US-Dollar pro Tag leben. Rund die Hälfte der Weltbevölkerung – also über 3,5 Milliarden Menschen - lebt von weniger als zehn Dollar pro Tag.

- Für die weltweite Entwicklungshilfe wird in Relation zu den Rüstungsausgaben sehr wenig ausgegeben. Im Jahr 2024 beliefen sich die weltweiten Verteidigungsausgaben auf über 2,7 Billionen US-Dollar. Für Entwicklungshilfe wurden im Jahr 2022 nur rund 200 Milliarden US-Dollar bereitgestellt, also weniger als 10% der Rüstungsausgaben. Durch den Angriff Russlands auf die Ukraine hat sich alles noch drastischer verändert. Viele Länder sparen an Entwicklungshilfe, um Rüstungsausgaben finanzieren zu können.

- Die Weltgesundheitsorganisation (WHO) hat die Bekämpfung von Erkrankungen sowie der Förderung der allgemeinen Gesundheit der Menschen auf der ganzen Welt als Aufgabe. Dafür steht ihr aktuell ein Jahresbudget von rund 2,2 Milliarden US-Dollar zur Verfügung. Im Vergleich dazu wird der Freistaat Bayern alleine für die Modernisierung der Universität Erlangen in den nächsten Jahren 1,5 Milliarden Euro investieren.

- Mehr als die Hälfte aller Menschen weltweit können nicht zum Arzt oder in ein Gesundheitszentrum gehen, wenn sie krank sind – weil die Entfernung zu weit ist oder weil es zu teuer ist.

- Pro Jahr landen allein in Deutschland rund 18 Millionen Tonnen Lebensmittel im Müll. Das entspricht nach Berechnungen der Umweltorganisation WWF etwa einem Drittel der jährlich für Deutschland produzierten Menge an Lebensmitteln.

- Die Erde besteht zum größten Teil aus Wasser und gerade die Weltmeere sind durch die Folgen des Klimawandels - Versauerung, Erwärmung und Anstieg des Meeresspiegels - besonders großen Gefahren ausgesetzt. Dazu kommen Überfischung und Plastikmüll.

- Drei von vier Fischen aus mittleren Tiefen des Atlantiks haben Mikroplastik im Magen. Die Auswirkungen auf den Menschen durch den Verzehr solcher Fische sind noch nicht abschließend erforscht, aber wir alle werden mit Sicherheit langfristig gesundheitlich geschädigt.

- Mikroplastik findet sich aber nicht nur in den Weltmeeren und damit in unserer Nahrung, sondern auch in der Luft, die wir einatmen. Forscher des Alfred-Wegener-Instituts, Helmholtz-Institut für Polar- und Meeresforschung, haben in Zusammenarbeit mit einem Schweizer Wissenschaftler jüngst nachgewiesen, dass die winzigen Kunststoffteilchen auch über die Atmosphäre von einem Ort zum anderen „reisen" - und dann verpackt in Schneeflocken wieder zurück zur Erde rieseln. Ihre Studie ist im Fachmagazin „Science Advances" erschienen[7].

- Durch den übertriebenen Einsatz von Antibiotika in der Tiermast entwickeln sich mehr und mehr Keime, die wir nicht mehr bekämpfen können. "Krankenhauskeime" führen jährlich zu tausenden Infektionen und Todesfällen.

- Der Gesundheitszustand der Menschen in vielen Ländern verschlechtert sich drastisch. Fettleibigkeit und Diabetes sind so weit verbreitet wie noch nie.

- Das Insektensterben nimmt immer mehr zu. Laut einer neuen Studie ist die Gesamtmasse der Insekten in den letzten 27 Jahren um 75% zurückgegangen.

- Jeder Mensch möchte in einer Welt ohne Kriege leben, aber die Waffenproduktion und der Waffenhandel boomen - nicht erst seit dem Angriffskrieg Russlands - wie nie zuvor. Zusätzlich schaffen es die Rüstungskonzerne immer öfter, die Exportbeschränkungen der Regierungen zu umgehen.

- Finanzexperten sind sich einig, dass man den ausufernden Börsenspekulationen durch eine Transaktionssteuer begegnen müsste. Obwohl die Einführung innerhalb der EU bereits seit 2009 geplant ist, wurde sie bis heute nicht umgesetzt.

- Die großen Konzerne dieser Welt erwirtschaften immer höhere Gewinne und zahlen im Verhältnis dazu immer weniger Steuern.

- Viele Bevölkerungen dieser Welt müssen unter diktatorischen und/oder korrupten Herrschern leiden. An der Spitze von sehr mächtigen Staaten sitzen Männer, die uns täglich zeigen, dass

---

[7] Quelle: Frankfurter Rundschau vom 15.08.19 (https://www.fr.de/wissen/mikroplastik-wird-ueber-luft-transportiert-mikroplastik-partikel-schnee-gefunden-zr-12915027.html)

sie unbeherrscht, skrupellos und eine Bedrohung für den Fortbestand unserer Welt sind. Die Staatengemeinschaft in Form der UN könnte und müsste hier eingreifen, aber es hat sich gezeigt, dass entsprechende Beschlüsse durch das sogenannte Vetorecht der fünf ständigen Mitglieder des UN-Sicherheitsrates in kritischen Fällen verhindert werden.

Nun wird mancher sagen: "Was da in einigen Ländern passiert, ist schlimm, aber es betrifft mich nicht direkt und ich kann es auch nicht ändern. Ich habe in meinem Land eine sichere Arbeit, eine schöne Wohnung und um die Politik kümmern sich die Regierungen - die werden das schon richten."

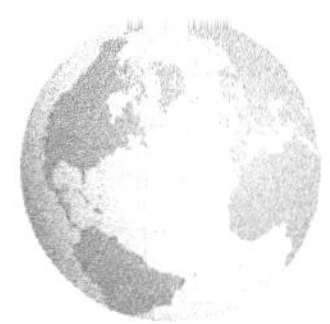

Leider ist es so, dass die negativen Auswirkungen von fehlenden oder falschen politischen Entscheidungen und die Aktivitäten gewissenloser Konzerne durch die Globalisierung immer weitere Kreise ziehen. Kein Mensch kann sich in unserer globalen, vernetzten Welt auf Dauer den Auswirkungen entziehen.

Hier einige Beispiele:

- Einzelne Länder können die Weltklimaveränderung nicht wirksam bekämpfen, solange es Länder gibt, die z.B. massiv neue Kohlekraftwerke bauen.
- Einzelne Länder können den Stickoxid-Ausstoß von Diesel-Kfz nicht wirksam reduzieren, solange nach dem Kauf von umweltfreundlichen Neuwagen die Altautos nicht verschrottet, sondern in andere Länder exportiert werden und dort weiterhin ungehemmt Schadstoffe ausstoßen.

- Einzelne Länder können Flüchtlingen nicht nachhaltig helfen, solange die Fluchtursachen in den Herkunftsländern nicht beseitigt werden.

- Einzelne Länder können nicht durch eine vernünftige Forstwirtschaft eine ausreichende "grüne Lunge der Welt" erreichen, solange z.B. im Amazonasgebiet riesige Waldflächen gerodet werden und sich dies gravierend auf das Weltklima auswirkt.

- Einzelne Länder können nicht wirksam den Atomausstieg vollziehen, solange es Länder gibt, die weiterhin Atomkraftwerke nutzen oder sogar neue bauen.

- Einzelne Länder werden keine atomare oder militärische Abrüstung durchführen, solange es Länder gibt, die dies nicht tun oder sogar aufrüsten.

- Einzelne Länder können nicht wirksam dafür sorgen, dass ihrer Bevölkerung gesundheitlich einwandfreie Lebensmittel zur Verfügung stehen, solange es Länder gibt, die Düngemittel, Schädlingsbekämpfungsmittel, Antibiotika usw. unvernünftig einsetzen und die unter diesen Bedingungen erzeugten Lebensmittel dann in andere Länder exportieren.

- Einzelne Länder können keine wirksame Finanztransaktionssteuer einführen, solange es Länder gibt, die dies nicht tun und dadurch die Börsengeschäfte nur verlagert werden.

- Einzelne Länder können nicht wirksam die Steuerhinterziehung bekämpfen, solange es andere Länder gibt, die sich weiterhin als Steueroasen anbieten.

Sicher gibt es überregionale Zusammenschlüsse - wie z.B. die EU, die UN, die G7 und die UNESCO. Sie haben in der Vergangenheit Enormes geleistet und könnten die Lösung für globale Probleme darstellen. Leider sind sie bei vielen Themen bürokratische Monster bzw. zahnlose Tiger. Dadurch sind sie derzeit nicht die Lösung, sondern ein Teil des Problems (das werde ich später noch genauer begründen).

Ein Teil der Probleme könnte mit dem Einsatz von viel Geld gelöst werden. Aber auch da schafft es die Welt nicht, das riesige Vermögen der Weltbevölkerung für die Lösung der "Weltprobleme" einzusetzen. Warum? Ich glaube, wir schaffen es nicht, weil die meisten Regierungen fast ausschließlich nur an ihr eigenes Land und ihre Wähler denken. Donald Trump gibt es offen zu, dass er bei seiner „Politik" zuerst (oder nur?!) an die USA denkt. Aber: Andere Präsidenten vor ihm haben das genauso gemacht, nur ohne große Öffentlichkeitsarbeit.

Wo sind all die Politiker, die uneigennützig an die Zukunft unserer Erde denken und nach bestem Wissen und Gewissen handeln? Philanthropie - eine die gesamte Menschheit umfassende Liebe - ist die seltene Ausnahme.

Ich bin wahrscheinlich nicht der Einzige, der daraus folgenden Schluss zieht:
Wir brauchen eine Institution, die sich uneigennützig, unabhängig und machtvoll um die globalen Herausforderungen unserer Welt kümmert.
Wir brauchen aber keine Diskussionsrunde, sondern eine politisch ganz oben angesiedelte Institution, die – bezogen auf die drängenden Welt-Themen – die Fakten zusammenfasst, daraus die richtigen Schlüsse zieht und verbindliche Handlungen der Staaten einfordert.

Die Hauptaufgabe wird nicht sein, neue Fakten zu beschaffen, denn Informationen liegen nach meiner Einschätzung genügend vor. Vielmehr geht es darum, die Spreu vom Weizen zu trennen (nur Erkenntnisse aus unabhängigen und unparteiischen Quellen sind valide) und die richtigen Schlüsse daraus zu ziehen, d.h. nachhaltige Lösungsvorschläge zu erarbeiten. Dies muss aus wissenschaftlicher und ethischer Sicht mit Blick auf die Zukunft der Menschheit geschehen.

Damit es aber nicht bei unverbindlichen Vorschlägen bleibt, an die sich letztlich doch keine Regierung hält oder die von mächtigen Lobbyisten verhindert werden, muss diese Institution machtvoll sein. Das heißt, wenn sie entschieden hat, was für die Welt unbedingt erforderlich ist, dann muss dies auch eine verbindliche Vorgabe für alle Länderregierungen sein, vergleichbar einem nationalen Gesetz.

Oje, das wird eine Diktatur, wird sich manche Leserin/mancher Leser hier denken. Beileibe nicht! Wie ich später noch ausführlich darstellen werde, brauchen wir eine Welt-Institution, die mit beiden Beinen fest auf dem Sockel der Demokratie steht. Das werde ich später noch ausführlich darlegen.

Bei vielen Leserinnen und Lesern kommt hier bestimmt sofort die Frage auf, ob die Probleme der Menschheit nicht auch gelöst werden könnten, wenn sich sehr viele Bürgerinnen und Bürger zu globaler denkenden Menschen entwickeln und dadurch jetzt schon machen, was diese Institution vorschlagen würde. Sozusagen "Bottom-up" ausgehend von der Weltbevölkerung im Gegensatz zu "Top-Down", ausgehend von einer Welt-Institution.

Ja, das wäre sehr gut! Beide Bewegungen würden sich ergänzen und wir würden das Ziel umso schneller erreichen.

Letztendlich ist es sogar zwingend erforderlich, dass die Bevölkerung aktiviert wird, denn schließlich werden es die Menschen sein, die die Vorgaben der Welt-Institution in ihrem täglichen Leben umsetzen müssen. Wer allerdings nicht genügend zu essen und zu trinken hat, wem auch eine anständige Wohnung fehlt und wer keine Bildungschancen hat, der wird sich kaum Gedanken um die Zukunft unseres Planeten machen. Bei rund 3,5 Milliarden Menschen muss die Staatengemeinschaft erstmal dafür sorgen, dass deren Grundbedürfnisse befriedigt werden, bevor man darauf hoffen kann, dass sie aktiv für Umwelt- und Naturschutz eintreten. Daran sieht man eine Grenze von "Bottom-up-Bewegungen".

Die andere Grenze liegt darin, dass wir Menschen sehr schnell bereit sind, für eine gute Sache einzutreten. Wenn es uns aber persönlich betrifft und wir uns in unserer Lebensführung gravierend einschränken müssten, sieht das ganz anders aus. Gerade die Menschen mit dem größten ökologischen Fußabdruck sehen oft die geringste Notwendigkeit sich einzuschränken. Ohne "Druck von oben" geht bei solchen Mitbürgern gar nichts.

Bereits bestehende Bewegungen wie die Initiative "Effektiver Altruismus"[8] oder die "Weltbürgerbewegung"[9] sehe ich aber sehr positiv und absolut unterstützenswert.

Die "Weltbürgerbewegung" möchte zum Beispiel erreichen, dass wir uns alle so verhalten, als wären wir persönlich für die Zukunft der Erde verantwortlich. Das ist ein wirklich guter Ansatz!

---

[8] Quelle: Website der Stiftung für effektiven Altruismus (https://effektiver-altruismus.de/ueber-ea/)

[9] Quelle: Wikipedia Weltbürgerbewegung (https://de.wikipedia.org/wiki/Weltb%C3%BCrgerbewegung)

Es ist also gut, wenn viele Menschen weltweit versuchen, ihren „ökologischen Fußabdruck" zu verkleinern, d.h. den von ihnen direkt oder indirekt versursachten CO2-Ausstoß zu reduzieren. Aber die Wirksamkeit dieser „Bottom-up-Bewegungen" wird oft überschätzt. Außerdem besteht die große Gefahr, dass Gräben aufgeschüttet werden zwischen den „bösen" Fleischessern und den „guten" Vegetariern, zwischen den „bösen" SUV-Fahrern und den „guten" Fahrradfahrern, zwischen den „bösen" Fernreisenden und den „guten" Inlandsurlaubern usw.

Natürlich kann jeder von uns seinen Teil zur Lösung des Problems beitragen, aber tatsächlich vermeiden können wir eine Klimakatastrophe nur, wenn wir die großen Verursacher in den Griff bekommen. Sie glauben mir nicht?

Hier ein einfaches Rechenbeispiel auf der Basis der EU-Zahlen: Die in der EU entstandenen CO2-Emissionen setzten sich (im Jahr 2014) aus 1,6 t/Kopf direkten Emissionen der privaten Haushalte (z. B. zum Heizen und für den privaten Transport) und 5,7 t/Kopf aus inländischen Produktionsaktivitäten innerhalb der EU zusammen[10].

Bei rund 500 Millionen Menschen beläuft sich der „private Anteil" somit auf jährlich 0,8 Gigatonnen (Gt) CO2 (500.000 x 1,6 t). Angenommen, man schafft es, dass jeder zweite EU-Bürger/in sich stark einschränkt, also deutlich weniger Reisen macht, deutlich weniger Fleisch isst, deutlich mehr öffentliche Verkehrsmittel nutzt usw. und dadurch 30% seines CO2-Ausstoßes einspart. Dann wären das 0,12 Gt CO2 pro Jahr (30% von 0,8 Gt und davon wieder die Hälfte).

Das wäre sehr ambitioniert, aber würde das eine Klimakatastrophe abwenden? Leider nein.

---

[10] Quelle: ec.europa.eu (https://ec.europa.eu/eurostat/statistics-explained/pdfscache/19127.pdf)

Der CO2-Ausstoß Europas betrug (im gleichen Jahr) 4,4 Gt[11].

Um die Klimakatastrophe abzuwenden, muss die EU – wie der Rest der Welt – bis spätestens 2050 klimaneutral werden, d.h. überhaupt kein CO2 mehr ausstoßen. Die mühevoll erzeugten Einsparungen der EU-Bürger/innen von 0,12 Gt CO2 würden daher kaum ins Gewicht fallen. Und selbst wenn sich nicht nur jeder zweite sondern jeder entschließen würde, auf 30% seiner „schädlichen" Gewohnheiten zu verzichten, wäre das Resultat auch nur 0,24 Gt CO2.

Weltweit sieht es noch schlechter aus, da nach meiner Einschätzung die Europäer noch mehr als die Amerikaner oder Australier bereit wären, für das Klima auf einen gravierenden Teil ihres Komforts zu verzichten.

Das ist die schlechte Nachricht. Es gibt aber auch eine Gute:

Der Klimawandel kann noch abgewendet werden, wenn sich die Menschheit schnell und konsequent um die Bereiche kümmert, die den weltweiten CO2-Ausstoß maßgebend beeinflussen.

Nach übereinstimmender Auffassung der Wissenschaftler sind das folgende Themen in der Reihenfolge der Wichtigkeit:

1. Beendigung der Verwendung fossiler Brennstoffe (Kohle, Erdöl und Erdgas) zur Energiegewinnung (vor allem in der Industrie). Eine wichtige Sofortmaßnahme wäre das Verbot des „Flaring", des Abfackelns von überschüssigem Erdgas.
2. Beendigung der Entwaldung (insbesondere tropischer Regenwälder).
3. Umstellung des Straßenverkehrs auf regenerative Antriebstechniken (Solarenergie, Wasserstoff o.ä.).

---

[11] Quelle: ec.europa.eu (https://ec.europa.eu/eurostat/statistics-explained/index.php?title=Archive:Statistik_der_Treibhausgasemissionen_-_Luftemissionsrechnung&oldid=343598#Treibhausgasemissionen)

Nur wenn wir diese drei Punkte in den nächsten beiden Jahrzehnten global in den Griff bekommen, haben auch unsere Kinder und Enkel eine Aussicht auf ein lebenswertes Leben.

Diese Erkenntnis ist ja nicht neu. Aber wenn ich mir ansehe, wie sich die Emissionswerte in den letzten zehn Jahren entwickelt haben, bin ich überzeugt, dass wir das nicht schaffen, wenn wir uns nur auf die Regierungen dieses Planeten verlassen.

Gibt es eine Lösung? Ja, und die beschreibe ich in diesem Buch.

Neben einer veränderten Grundhaltung würde die Lösung vieler Probleme unserer Welt natürlich auch viel Geld erfordern.

Aber wenn man sich ansieht, dass das Brutto-Geldvermögen der Weltbevölkerung (nur private Haushalte!) im Jahr 2016 rund 169 Billionen Euro betrug[12] und bis Ende 2024 einen Rekordwert von 269 Billionen Euro erreichte, dürfte dies kein Problem sein.

Wir könnten es uns wie gesagt - finanziell gesehen - sofort leisten, alle Probleme auf der Welt zu lösen. Da dies aber nicht geschieht und im Gegenteil die Schere zwischen Arm und Reich immer weiter auseinandergeht, treibt mich seit Jahren der Gedanke um, dass wir mit unserem derzeitigen System der autonomen Länderregierungen nicht mehr weiterkommen.

Ich fühle die Sehnsucht nach so etwas wie einer "Welt-Regierung" in mir und ich habe Visionen, man könnte auch sagen Träume...

Mancher wird jetzt denken: "Dann hätte er sein Buch in der Kategorie Science-Fiction veröffentlichen sollen". Aber die Menschheitsgeschichte hat gezeigt, dass viele bahnbrechende Ideen zunächst als Unsinn oder Utopie belächelt wurden. Außerdem bin ich mit meinen Visionen nicht alleine.

---

[12] Quelle: Allianz Global Wealth Report. Berücksichtigt wurden aber nur Bankeinlagen, Wertpapiere sowie Versicherungen und Pensionsfonds, also keine Sachwerte wie Immobilien, Grundstücke, Kunstwerke, Yachten usw.

Es gibt sicher sehr viele Menschen die ähnliche Träume haben.
Schon John Lennon sang vor über 50 Jahren[13]:
"Imagine all the people sharing all the world, you may say I'm a dreamer, but I'm not the only one, I hope some day you'll join us, and the world will live as one ...".

Ziel meines Buches ist es, diese Sehnsucht nach einer besseren Welt auch bei Ihnen, liebe Leserin/lieber Leser, zu wecken.

Irgendjemand hat mal gesagt:
"Träumen ist nicht nur erlaubt - Träumen ist notwendig".
Genau das ist meine Meinung!
Wenn Sie sich die Zeit nehmen, dieses Buch zu lesen, ist der erste - und wichtigste - Schritt getan.
Beim Lesen des vierten Teils des Buches werden Sie eventuell sagen: "Das ist alles gut und schön, aber es lässt sich leider nicht realisieren". Darauf würde ich erwidern:
Als in den 70er-Jahren die ersten PCs für den Privatgebrauch in der Diskussion waren, hat noch 1977 der Chef der damals führenden Digital Equipment Corporation (DEC) eine Entwicklung abgelehnt, mit der Begründung, dass er sich keine Privatperson vorstellen könne, die einen solchen Computer haben wolle.
Wie wir alle wissen, kam es ganz anders: Ende 1983 wurden schon weit über 40.000 PCs weltweit verkauft und bereits in den 90er-Jahren wurden die Verkaufszahlen in Millionen gemessen. Heutzutage kann sich kaum einer mehr vorstellen, wie er ohne einen PC auskommen könnte.

---

[13] Quelle: Song "Imagine" von John Lennon (https://www.song-texte.com/songtext/john-lennon/imagine-7bde0e90.html)

So eine Entwicklung wünsche ich mir für das Thema "Welt-Globalisierungsrat": Derzeit kann sich kaum einer vorstellen, dass wir so etwas bekommen und in 50 Jahren können wir uns gar nicht mehr vorstellen, wie die Menschheit ohne ihn überlebt hätte.

Wenn ich ein Werbetexter wäre, würde ich für das Thema weltweit mit folgenden Slogans werben:

- Tausche Egoismus gegen Altruismus.
- Tausche Luxus und Oberflächlichkeit gegen Freude für Alle und Sinnstiftung.
- Tausche überzogenes Wirtschaftswachstum gegen intakte Umwelt.
- Tausche Überfluss für Wenige gegen normale Lebensqualität für Alle.
- Tausche Nationalstolz gegen Weltverantwortung.

Übrigens:

Das bisherige Feedback zu meinem Buch teilt sich wie folgt auf:
5 Prozent sind begeistert und bieten mir ihre Unterstützung an.
95 Prozent sagen sinngemäß: "Die Analyse teile ich, aber die Lösungsvorschläge kann ich nicht unterstützen, da sie derzeit absolut unrealistisch sind".
Diese Haltung kann ich einerseits verstehen. Die Leserinnen und Leser denken wahrscheinlich an das Zitat: "Führe nie einen Krieg, den du nicht gewinnen kannst".
Aber wenn ich das höre, stellen sich mir zwei Fragen:

1. Wann kann man definitiv beurteilen, was in einer Gesellschaft machbar ist und was nicht? Blicken wir nur in die jüngere Vergangenheit: Wer hätte in Deutschland im Jahr 1917 gedacht, dass Frauen ein Jahr später ein Wahlrecht bekommen? Wer hätte im Jahr 1988 gedacht, dass das jahrzehntelang geteilte Deutschland ein Jahr später durch eine friedliche Revolution wiedervereinigt sein wird? Wer hätte in Deutschland im Jahr 2006 gedacht, dass ein Jahr später das Rauchen in öffentlichen Einrichtungen verboten sein wird? Es gibt zahlreiche Beispiele dafür, dass gerade große Veränderungen anfangs belächelt und für absolut unrealistisch gehalten werden und dann doch kommen, weil die Zeit eben reif ist.

2. Welche Alternativen haben wir? Wir können natürlich darauf hoffen, dass eines Tages jeder Mensch in den reichen Industriestaaten den Ernst der Lage begreifen wird und freiwillig seinen ökologischen Fußabdruck drastisch verkleinert. Aber ist das realistisch? Wir können natürlich darauf hoffen, dass die mächtigen Regierungen unserer Welt eines Tages über ihren Schatten springen und globale Problem wie die Erderwärmung durch globale Zusammenarbeit unter Zurückstel-

lung ihrer nationalen Interessen bekämpfen. Aber ist das realistisch? Wir können natürlich darauf hoffen, dass Bewegungen wie "Fridays for Future" sich von einem "Nischenprodukt" zu einer weltumspannenden Bewegung entwickeln und die Politik weltweit (das heißt auch in China!) in die Knie zwingen. Aber ist das realistisch? Und vor allem: Wird es dann nicht zu spät sein?

Für mich lautet daher die einzig wichtige Frage: "Wäre so etwas wie ein Welt-Globalisierungsrat sinnvoll?"

Wer diese Frage mit "Ja" beantwortet, sollte dafür kämpfen, egal wie gering die Realisierungschancen derzeit sind.

Ich glaube daher, Sie liebe Leserin/lieber Leser, investieren Ihre Zeit sehr gut, wenn Sie sich meine Vorschläge in Ruhe durchlesen und ohne Vorbehalte durch den Kopf gehen lassen...

Hier noch eine grundsätzliche Bemerkung:

Mein Buch soll in erster Linie Visionen darstellen und bei möglichst vielen Leserinnen und Lesern die Sehnsucht nach deren Erfüllung wecken. Gleichzeitig beschreibe ich aber an einigen Stellen konkrete Lösungsansätze. Dies erfolgt nicht, weil ich der Meinung bin, dass ich die besten Lösungen kenne - das wäre angesichts der Komplexität der Materie absolut vermessen - sondern weil ich an diesen Beispielen zeigen will, wie man auch Visionen, die in den Augen von vielen Lesern wahrscheinlich reine Utopien sind, operationalisieren kann. Auch wenn dann nur ein Teil umgesetzt wird, wäre das für die Menschheit ein Fortschritt. Ich bin mir vollkommen bewusst, dass die finalen Lösungen nicht von mir, sondern von den weltweit kompetentesten Experten zu den einzelnen Problemstellungen erarbeitet werden müssten.

Übrigens:
Sie brauchen keine Angst zu haben, dass der Inhalt dieses Buches den (in vielen Bereichen überholten) Stand von 2017 wiedergibt, denn ich habe das Buch regelmäßig aktualisiert (Stichwort: Lernendes Buch, siehe Vorwort). Sie lesen jetzt den Stand von Anfang 2026.

Doch jetzt beginnt das eigentliche Thema des Buches. Lehnen Sie sich zurück und lesen es in Ruhe.
Da ich in den Vormerkungen schon mit der Tür ins Haus gefallen bin, schalte ich jetzt einen Gang zurück und baue das Thema von Anfang an auf.

Teil 1: Muss nur noch kurz die Welt retten…

Tim Bendzko bringt unser aller Dilemma in seinem Hit aus dem Jahr 2011 auf den Punkt[14]:

"Muss nur noch kurz die Welt, retten. Danach flieg' ich zu dir. Noch 148 Mails, checken. Wer weiß was mir dann noch passiert denn es passiert so viel…" (Zitat Ende)

Auch ich stelle mir oft vor, so viel Einfluss zu haben, dass alle Regierungen dieser Welt auf mich hören. Dann könnte ich endlich tun, was immer drängender wird: die Welt retten! Aber inwiefern muss man überhaupt die Welt retten? Wie fängt man an? Am besten arbeite ich die Themen der Reihe nach ab…

So würde ich es machen:

Die von vielen namhaften Wissenschaftlern befürchtete **globale Klimakatastrophe** hängt wie ein Damoklesschwert über uns und droht alles, was sich die Menschheit seit der Industrialisierung mühevoll aufgebaut hat, zu vernichten. Wo liegt hier das Problem? Kompetente Wissenschaftler sagen, dass eine globale_Erwärmung, also eine "Erd-Überhitzung" zum vollständigen Abschmelzen der antarktischen und grönländischen Eiskappen führen könnte, was den Meeresspiegel um mehr als 60 Meter anheben würde. Neben vielen Inseln und Städten am Meer, die einfach im Meer versinken würden, könnte dies das Abklingen des

---

[14] Quelle: Tim Bendzko "Nur kurz die Welt retten" (http://www.song-texte.com/songtext/tim-bendzko/nur-noch-kurz-die-welt-retten-6be972a2.html)

Golfstroms nach sich ziehen, was katastrophal niedrigere Temperaturen in Europa zur Folge hätte.

Wesentliche Ursache für das Problem sind die Treibhausgase, die zur Zerstörung der Ozonschicht beitragen.

Kohlenstoffdioxid (CO2) macht etwa 60% des vom Menschen verursachten zusätzlichen Treibhauseffekts aus. Als erstes muss ich mich also darum kümmern, dass der CO2-Ausstoß deutlich verringert wird. Aber wie macht man das? Ganz klar, ich befasse mich zunächst mit den Ländern, die weltweit die meisten Treibhausgase produzieren, also die USA, Europa und China (in dieser Reihenfolge). Die werden verpflichtet, ihren CO2-Ausstoß deutlich zu verringern.

Aber haben wir das nicht schon? Gibt es nicht schon seit Jahren eine solche Vereinbarung? Ja, ein im Jahr 2005 in Kraft getretenes Abkommen, das sogenannte Kyoto-Protokoll[15], legt erstmals völkerrechtlich verbindliche Zielwerte für den Ausstoß von Treibhausgasen in den Industrieländern fest, die die Hauptursache der globalen Erwärmung sind.

Bis Anfang 2011 haben 191 Staaten sowie die Europäische Union das Kyoto-Protokoll ratifiziert. Das Protokoll sieht vor, den jährlichen Treibhausgas-Ausstoß der Industrieländer deutlich zu reduzieren. Da dies aber, wie wir alle wissen, in der Praxis nicht funktionierte, hat die Menschheit im Jahr 2015 einen weiteren Vorstoß unternommen: Das Klimaabkommen von Paris mit konkreten und verbindlichen Reduktionszielen.

Damit sollte eigentlich gar kein Bedarf mehr bestehen, dieses Problem zu lösen.

Weit gefehlt! Diese bindende Vereinbarung konnte bislang nur wenig am steten Anstieg der wichtigsten Treibhausgase ändern.

---

[15] Quelle: BMU Informationen zum Thema „Kyoto-Protokoll" (https://www.bmu.de/themen/klima-energie/klimaschutz/internationale-klimapolitik/kyoto-protokoll/)

Die Emissionen von Kohlenstoffdioxid und Methan (überwiegend durch die Landwirtschaft) steigen weiter unvermindert an. Und warum? Weil die größten Klimakiller, z.B. die USA, das Protokoll gar nicht ratifiziert haben und für Schwellenländer - wie die Volksrepublik China, Indien und Brasilien - sowie für alle Entwicklungsländer keine Beschränkungen vorgesehen waren. Was soll ich da noch bewirken, wenn alle Regierungen der Erde sich einig sind, aber die wichtigsten dann letztendlich einen Rückzieher machen?!

Gut, dann stelle ich das zurück und wende mich zunächst einem anderen Problem zu.

Seit dem Ende des 2. Weltkrieges hat es weltweit mehr als 200 kriegerische Auseinandersetzungen gegeben, von denen jetzt noch 53 aktiv sind. Insgesamt waren daran 123 Staaten beteiligt. Am dringendsten wäre es daher, endlich mal dafür zu sorgen, dass es **keine Kriege** mehr gibt.

Kein Problem! Ich werde einfach bestimmen, dass weltweit keine Munition mehr hergestellt werden darf. Dadurch werden alle Waffen nach und nach wertlos. Wunderbar und ganz einfach, sozusagen ein minimalinvasiver Eingriff in die menschenverachtenden Geschäfte der Waffenindustrie!

Aber vielleicht zu einfach. Wer die größten Vorräte hat und mit seiner Munition am sparsamsten umgeht, wird am Schluss der Mächtigste sein und möglicherweise der Versuchung erliegen, den Rest der Welt zu beherrschen...

Der Schuss kann nach hinten losgehen!

Dann werde ich eben bestimmen, dass keine Waffen mehr produziert werden dürfen. Es würde zwar etwas dauern, aber mittelfristig würde es dadurch auf der Welt keine Kriege mehr geben!
Aber Moment, was ist denn mit Waffen, die man sich mit einfachsten Mitteln selbst bauen kann? Kann man nicht aus Düngemitteln und ähnlichen Zutaten, die jeder kaufen kann, eine Bombe herstellen?
Und wie war es denn auf der Welt, als es noch keine High-Tech-Waffen gab? Gab es damals auch keine Kriege? Nein! Der Kampf war nur nicht so effektiv wie heute. Nicht die Waffe, sondern die Körperkraft und die Anzahl der Krieger entschieden die Schlacht (und natürlich auch die Strategie).
Mmmh, ich glaube das Verbot der Waffenproduktion löst das Problem doch nicht...

Gut, dann werde ich das Strafrecht weltweit ändern: Auge um Auge und Zahn um Zahn! Gefängnisse werden abgeschafft und wer einem anderen etwas Böses tut, der muss das gleiche erleiden: Wer jemanden schlägt, der wird auch geschlagen, wer stiehlt, der muss es zurückgeben und den gleichen Wert nochmal drauflegen, wer einen Menschen umbringt, der wird auch umgebracht. Ganz einfach und logisch. So spart man sich Gefängnisse und die damit verbundenen hohen Kosten für die Allgemeinheit und erreicht zugleich die maximale Abschreckung. Super!
Aber was ist mit dem Dieb, der nichts hat? Der kann auch nichts zurückgeben und erst recht nichts zusätzlich bezahlen. Die Strafe und die Abschreckung sind damit wirkungslos. Dumm gelaufen.

Und was ist mit den vielen Justizirrtümern? Die Todesstrafe kann man nicht rückgängig machen.

Also nur die töten, bei denen man ganz sicher ist, dass sie Mörder sind? Aber was macht man mit den anderen? Darüber muss ich noch mal nachdenken.

Gut, dann reiße ich die Wurzel allen Übels aus, den Mammon!
Ich schaffe das Geld ab!
Es gibt künftig keine Dollars, Euros und Yen mehr, alle Geschäfte werden nur noch auf der Basis von Tauschgeschäften getätigt. Jetzt sollen die Spekulanten an der Wall Street mal versuchen, ihre Warentermingeschäfte zu platzieren!
Hah! Ich sehe sie schon vor mir, wie sie statt lässig auf die Maus zu klicken, um den Reispreis wieder um einige Cent hochzuspekulieren, künftig Säcke voller Reis selbst schleppen müssen! Das Handelsvolumen wird schlagartig auf das zurückgehen, was auch für den tatsächlichen Bedarf erforderlich ist. Keine spekulativen Luftblasen mehr, die den Armen die Luft zum Atmen nehmen!
Aber wie soll man dann ein Auto oder ein Haus kaufen? Wer eines hat, der kann ja tauschen, aber wer keines hat? Für ein Auto wären sicher ein paar Tausend Sack Walnüsse fällig, aber wer kann schon so viel lagern und was macht man, damit die Ware nicht verdirbt bis es zum Handel kommt? Dann war alles ansparen für die Katz!
Ich sehe schon, auch diese Lösung muss ich noch weiter durchdenken.

Also dann werde ich eben die **Börsen abschaffen**. Schließlich sind sie die Grundlage dafür, dass skrupellose Spekulanten nicht nur Aktien und Ähnliches handeln, sondern auch die Preise für Lebensmittel beeinflussen können. Spätestens seit der Explosion des Kakaomarktes durch die Interventionen eines großen Investmentfonds in den relativ kleinen Kakao-Börsenhandel hat sich doch gezeigt, wie leicht das ist. Im Extremfall kann die Spekulation mit Lebensmitteln dazu führen, dass Menschen verhungern, weil sie sich Grundnahrungsmittel nicht mehr leisten können! Wenn es keine weltweiten Handelsplattformen mehr gibt, dann kann auch nicht mehr spekuliert werden.

Zunächst würde zwar totales Chaos ausbrechen, aber die Unternehmen und die Banken würden sich sicherlich mittelfristig etwas einfallen lassen, damit der Wirtschaftsverkehr dennoch weiterlaufen kann.

So ganz überzeugt bin von dieser Lösung aber noch nicht, ich behalte sie mal in der engeren Wahl...

Apropos Banken. Vielleicht wäre es am besten, als erstes die **Banken abzuschaffen**, schließlich sagen viele Finanzexperten, dass sie am Finanzchaos schuld sind...

Außerdem zahlen sie z.B. 0,05% Zinsen, wenn man ihnen Geld leiht (z.B. auf einem Sparkonto) und verlangen z.B. 13%, wenn man Geld von Ihnen will (z.B. als Dispokredit). Von der Differenz zahlen sie Millionen an ihre Manager und irrsinnige Prämien an ihre gewissenlosen Finanzjongleure. Vom Rest bauen sie sich Luxuspaläste in den besten (und teuersten) Lagen der Großstädte. Braucht das die Welt?

Noch dazu hat die Vergangenheit schmerzlich gezeigt, dass wir als Steuerzahler die armen Banken retten müssen, wenn sie in finanzielle Bedrängnis kommen!

Wie funktioniert die Rettung der Banken eigentlich? Nun, der Staat gibt den Banken Geld. Und woher kommt dieses Geld? Der Staat muss es sich leihen, weil er ja selbst kein Geld hat, sondern hoch verschuldet ist. Von wem leiht er sich das Geld? Von denen, die noch Geld haben. Sind das die Bürger? Nein. Von den über 1000 Milliarden Euro, die sich der Bund derzeit geliehen hat, stammen nur zwei Prozent von Privatanlegern. Der größte Teil stammt von Staatsanleihen, die bei Banken sehr gefragt sind.

Der Staat leiht sich also Geld von Banken, um Banken zu retten und zahlt für das geliehene Geld auch noch Zinsen. An wen? An Banken! Jahrelang! Eine Katze, die sich in Schwanz beißt, was für ein Irrsinn!

Also Banken generell abschaffen? Nein, irgendwie braucht man sie doch, um eine Wirtschaft in Schwung zu halten. Die Lösung heißt: Verstaatlichen und zwar alle! Das ist auch die Voraussetzung für eine wirksame Kontrolle. Denn kontrollieren kann man nur, was einem gehört.

Aber haben nicht auch die staatlichen Landesbanken trotz staatlicher Aufsicht genauso spekuliert und riesige Summen verloren? Hmh, die Verstaatlichung alleine bringt also wohl doch nichts, man muss offensichtlich das Problem ganzheitlicher angehen.

Gut, dann werde ich als erstes **die Schere zwischen Arm und Reich beseitigen**.

An ihr ist schließlich die Ungerechtigkeit in der Welt direkt abzulesen! Ist es tatsächlich akzeptabel, dass es Profifußballer, Formel 1-Piloten, Tennisspieler, Künstler, Manager, Investmentbanker und viele andere Berufsgruppen gibt, die viele Millionen im Jahr verdienen? Andere Menschen, die den ganzen Tag körperlich hart arbeiten oder physisch bei ihrer Arbeit sehr belastet sind, wie z.B. Bauarbeiter, Krankenschwestern und Altenpfleger, werden im Vergleich dazu mit einen Taschengeld abgespeist und müssen teilweise noch einen Zweitjob annehmen, um eine Familie ernähren zu können.

Das werde ich ändern: Jeder, der Vollzeit arbeitet, muss so viel verdienen, dass er davon leben und auf Wunsch eine Familie gründen kann. Ein sozial gerechter Mindestlohn muss her!

Es wird sicher immer wieder Menschen geben, die etwas besonders gut können - sei es durch ihre Ausbildung oder durch Begabung - und die dadurch auch mehr als andere verdienen sollten.

Aber das werde ich einschränken: Keiner darf mehr verdienen als das 10-fache des Lohns eines Facharbeiters.

Menschen, die durch ihre Arbeit körperlich stark belastet werden, bekommen Lohnzuschläge, schließlich erledigen sie oft Tätigkeiten, die für die Allgemeinheit wichtig sind und die ein Akademiker nicht machen würde.

Aber wie sorge ich dafür, dass die Unternehmen die höheren Mindestlöhne nicht auf die Preise umlegen? Wenn die Preise entsprechend steigen, dann können sich die Geringverdiener von ihrem Mindestlohn wieder nicht mehr kaufen als zuvor. Das wird schwierig, aber ich habe durch die Deckelung zumindest erreicht, dass keine Unsummen mehr gezahlt werden, das ist schon mal ein Anfang.

Das Einkommen wird dadurch künftig viel gerechter, aber wie steht es mit dem bereits vorhandenen Vermögen?

Das Geldvermögen aller über 8 Milliarden Menschen auf der Welt betrug im Jahr 2024 rund 269 Billionen Euro. 1% der Menschheit besitzen aber 44% davon. Noch erschreckender wird es, wenn man weiß, dass zwölf Superreiche mehr besitzen wie die Hälfte der Menschheit[16].

Soll diese Ungerechtigkeit weiter bestehen? Nein!

Das vorhandene **Vermögen** wird unter allen Menschen auf der ganzen Welt **gleichmäßig aufgeteilt**, keiner soll mehr superreich und keiner soll mehr bettelarm sein.

Hah, ich sehe schon vor mir, wie sich alles zum Besseren wendet! Aber gab es diese Versuche nicht schon? Wenn ich so recht überlege, wollte die DDR auf dieser Basis auch das Beste für ihre Bevölkerung und Kuba ist immer noch der Meinung, dass der Kapitalismus Teufelswerk ist, obwohl ein Besuch in diesem Land deutlich zeigt, dass die Bevölkerung nicht im Paradies lebt....

Auch bleiben bei einer staatlichen Verteilung und Reglementierung Freiheit und Demokratie offensichtlich auf der Strecke. Zusätzlich wird die Produktivität und Kreativität der meisten Menschen dadurch, dass ihrem Einkommen enge Grenzen auferlegt sind, nicht gerade angeregt. Also wirtschaftlich wieder zurück in die Steinzeit?!

Auch gibt es auf der Welt leider sehr viele Menschen, die mit Geld nicht umgehen können und sehr viele andere, die das schamlos ausnutzen. Wenn die Unbedarften durch die Umverteilung plötzlich ein kleines Vermögen bekommen, werden sie es wahrscheinlich schnell wieder verlieren und die ungleiche Vermögensverteilung baut sich auf lange Sicht wieder auf.

---

[16] Quelle: Website von Oxfam Deutschland (https://www.oxfam.de/publikationen/bericht-soziale-ungleichheit-2026)

Offensichtlich auch nicht die ideale Lösung!

Jetzt hab ich's, ich pack' die "Schere" ganz anders an:

Ich werde festlegen, dass alle **Ressourcen der Erde allen Menschen gehören** und der Gewinn aus der Nutzung der Rohstoffe an alle gleichmäßig verteilt wird.

Dann schwimmen die Öl-Staaten zwar nicht mehr im Geld und können die Wirtschaft nicht mehr dadurch ankurbeln, dass sie mit einem gigantischen Aufwand auf dem Sandboden Wolkenkratzer bauen lassen.

China besitzt dann nicht mehr alleine die "seltenen Erden" und damit den Schlüssel für die künftigen High-Tech-Entwicklungen.

Aber dafür werden die Menschen in den Entwicklungsländern endlich fair an den Bodenschätzen der Erde beteiligt, obwohl sie das Pech hatten, dass sie in einer Gegend ohne Bodenschätze geboren wurden oder ihre korrupten Regierungen die Einnahmen unter sich und ihren Clans aufteilen.

Aber wie organisiert man diese gigantische Ertragsverteilung?

Wie schafft man es, dass die Erlöse tatsächlich auch an alle Menschen gleichmäßig und gerecht verteilt werden? Entsteht dann langfristig nicht wieder das gleiche Problem wie bei der Vermögensumverteilung und die Gerechtigkeit besteht nur für kurze Zeit? Mmh, das ist zu befürchten, ich muss noch ganzheitlicher denken!

Schlecht sind nicht die Munition und die Waffen! Schlecht ist, dass sie zum Schaden anderer Menschen und für Kriegszwecke eingesetzt werden.

Schlecht sind nicht die Börsen und die Banken! Schlecht ist, mit welcher Macht sie ausgestattet sind und nach welcher Philosophie sie agieren.

Schlecht ist nicht das Geld! Schlecht ist, wie es eingesetzt wird. Schlecht sind nicht die Spitzenverdiener und die Superreichen! Schlecht ist, wenn manche ihr Einkommen und Vermögen egoistisch nutzen.

Was ist also das Problem? **Das Problem ist der Mensch!**

Gut, Problem erkannt - Gefahr gebannt! Ich muss also nur dafür sorgen, dass die Menschen "besser" werden.

Wer ist da die erste Adresse? Natürlich die **Kirchen**! Nur über den Glauben kann man jemanden zu einem besseren Menschen machen. Ich werde also dafür sorgen, dass alle Staaten ihre Kirchen stärker subventionieren, damit sie genügend Geld haben, um ihren Glauben zu verbreiten und die Menschheit zu bekehren.

Mmh, aber hat nicht die Menschheitsgeschichte schmerzlich gezeigt, dass eine Missionierung durch die Kirche nicht unproblematisch ist? In den mittelalterlichen Kreuzzügen, in Inquisitionsprozessen, Hexenverfolgungen und ähnlichem wurden viele Menschen im Namen der Kirche verfolgt und sogar getötet.

Andererseits hätte es der Papst Franziskus vielleicht schaffen können. Er war der erste Papst seit langem, der die neuralgischen Stellen der Kirche anging und sich zum Beispiel gegen jeden Prunk wehrte. Aber auch er konnte leider nicht den offenen Widerstand von vielen unbelehrbaren Kardinälen, Bischöfen und Prälaten brechen.

Gut, ich werde jetzt erstmal erkunden, warum die Menschen schlecht sind.

Ein Teil wird sich wahrscheinlich allein deshalb "schlecht" verhalten, weil es um die nackte Existenz geht. "Mundraub" wurde das früher genannt. Heutzutage ist man stolz darauf, dass die Obrigkeit selbst kleinste Vergehen ahndet, wenn z.B. ein schlecht bezahlter Mitarbeiter einer Bäckerei ein paar Semmeln "mitgehen" lässt, die zu klein sind und sowieso nicht verkauft werden dürfen oder eine Kassiererin eines Großmarktes abgelaufene Lebensmittel, die für die Entsorgung vorgesehen waren, mit nach Hause nimmt, um sie zu essen.

Um diesen Menschen zu helfen, sind wir wieder beim Thema "Die Schere zwischen Arm und Reich beseitigen".

Andere Menschen besitzen dagegen schon sehr viel, oft mehr als sie in ihrem Leben jemals ausgeben können, und wollen dennoch immer mehr.

Das sind manche Manager, die als Führungskräfte, Vorstände oder Aufsichtsräte eines erfolgreichen Unternehmens jedes Jahr Millionen an Gehalt und Erfolgsbeteiligungen einstreichen, obwohl sie genau wissen, dass die Mitarbeiter des Unternehmens, deren Engagement und deren Kreativität sie ihren Erfolg verdanken, oft nicht mehr als das Existenzminimum in ihren Lohntüten vorfinden und jedes Jahr um Lohnerhöhungen von wenigen Prozent kämpfen müssen.

Sie dagegen füllen ihre Offshore-Konten immer mehr und ihre einzige Sorge besteht darin, dass das viele Schwarzgeld irgendwann entdeckt wird, weil ihr Finanzberater nicht optimal arbeitet oder ein Steuerfahnder zu findig ist.

Diese Perversität gipfelt darin, dass die Spitzenverdiener, falls sie als Unternehmenslenker fulminant scheitern, auch noch millionenschwere Abfindungen kassieren, statt – was logisch wäre - den größten Teil ihres offensichtlich nicht gerechtfertigten Verdienstes aus den vergangen Jahren wieder zurückzahlen zu müssen. Aber was kann man da machen?

Es gehören immer zwei dazu: Ein Unternehmen, das viel Geld hat und bereit ist, für Manager Unsummen auszugeben und Menschen, die keine Skrupel haben, einen Verdienst, der jenseits aller vernünftigen Relation zum Lohn eines "normalen" Mitarbeiters des Unternehmens liegt, einzufordern und anzunehmen. Ist das gewollt und damit ganz normaler Teil unserer freien Marktwirtschaft? Wenn ja, dann müsste man hier den Hebel ansetzen!

Oder sind es doch nur wieder die Menschen, die diese Ungerechtigkeit verursachen und zu verantworten haben? Ich glaube letzteres ist der Fall. Eine freie Marktwirtschaft könnte auch sozial funktionieren, wenn es nur alle Beteiligten wollten.

Also ist wieder der Mensch das Problem.

Wie kann man jemanden dazu motivieren, ein sozial ausgewogenes Gehalt auszuhandeln, wenn er auch mehr bekommen könnte? Vielleicht dadurch, dass er sieht, dass andere Spitzenverdiener es ihm gleichtun und dass das frei werdende Geld vernünftig verwendet wird?

Mmh, das wäre eine Überlegung wert...

Wie wäre es, wenn alle Einkünfte, die einen bestimmten Betrag übersteigen, in einen großen Topf kommen, der von einem kompetenten ehrenamtlichen Beirat verwaltet wird und zum Wohle aller Menschen ausgegeben wird. Die größten Einzahler werden jedes Jahr veröffentlicht (also genau das Gegenteil von dem, was z.B. in Griechenland passiert ist, hier wurden die größten Steuerschuldner veröffentlicht) und bekommen immaterielle Anerkennung, damit sie hohes Ansehen genießen (z.B. Denkmal, Straßenname, Orden).

Einige der Reichen könnte man damit sicher erreichen! Aber reicht das? Wird es nicht immer noch sehr viele geben, die nach Schlupflöchern suchen, um aus diesem System auszubrechen? Die Erfahrung hat gezeigt, dass kein System perfekt ist, schon gar nicht, wenn es vom Menschen erdacht ist, daher werden sich diese Schlupflöcher auch finden lassen...

Mir kommt da noch eine Idee: Wie wäre es, wenn wir manche Sachen, die sehr erstrebenswert sind, so gestalten, dass nicht jeder Börsenspekulant, überbezahlte Manager oder Geldwäscher herankommt, sondern nur der, der sein Geld mit ehrlicher Arbeit verdient hat? Das wäre doch was! Aber wie kann man das machen?

Man könnte z.B. personenbezogene (nicht übertragbare) Wertgutscheine ausgeben, die im besten Lokal der Stadt, im schönsten Wellness-Center der Stadt oder im attraktivsten Freizeitpark der Region eingelöst werden können. Die Wertgutscheine kann man sich nicht kaufen (auch wenn man pro Jahr 5 Millionen US-Dollar Managergehalt einkassiert), sondern nur verdienen. Und zwar dadurch, dass man für den Staat eine wertvolle Arbeit leistet (z.B. als Arzt), hart arbeitet (alle Berufe mit hoher körperlicher Beanspruchung), soziale Dienste leistet (z.B. als Krankenpfleger) oder in einem Niedriglohnsektor beschäftigt ist (z.B. als Kassiererin, Bedienung).

Das wäre doch ein kleiner aber feiner Schritt in Richtung soziale Gerechtigkeit! Ich werde das bei Gelegenheit noch mal genauer durchdenken...

Vielleicht liegt es aber einfach daran, dass die Menschen, die an den Schalthebeln der Macht sitzen, zu alt sind.

Sie wissen eventuell ganz genau, dass die Klimakatastrophe droht und die Welt gerettet werden müsste, aber sie wissen auch, dass sie persönlich von den negativen Auswirkungen nicht mehr betroffen sein werden. Sie handeln nach dem Motto "Nach mir die Sintflut". Egoistisch, aber was kann man da machen?

Gut, ich muss also dafür sorgen, dass sie bessere Menschen werden. Tja, das hat die 68er-Generation mit "Love und Peace" schon vor über 50 Jahren versucht und ist leider gescheitert. Aber warum eigentlich?

Vielleicht waren diejenigen, die diese Weltanschauung gelebt und verkörpert haben, einfach nur jugendliche Spinner, getreu dem Ausspruch "Wer mit 20 nicht Kommunist ist, hat kein Herz und wer mit 30 noch immer Kommunist ist, hat keinen Verstand"?

Werden wir alle mit fortschreitendem Alter durch unser Umfeld so geprägt, dass wir Kapitalisten werden müssen? Jetzt sind wir wieder beim Thema "Eine freie Marktwirtschaft könnte auch sozial funktionieren, wenn es nur alle Beteiligten wollten".

Vielleicht liegt alles nur daran, dass es auf der Welt bereits genügend gute Ideen und gute Ansätze gibt, diese aber nicht zum Tragen kommen, weil sie keiner durchsetzen kann. Selbst der Hoffnungsträger des Jahres 2011, Barack Obama, konnte als mächtigster Mann der Welt nicht durchsetzen, dass das unsägliche Folterlager Guantanamo geschlossen wird. Am fehlenden Willen wird es kaum gelegen haben, schließlich war dies von Anfang an eines seiner Ziele...

Ja, ich glaube, das ist es. Wir brauchen eine Institution, die weiß, was die Menschheit braucht, um trotz der globalen Herausforderungen zu überleben und die die Macht hat, alles durchzusetzen, was für die Welt gut und wichtig ist.

So etwas wie eine "Weltregierung"!

Aber Regierung klingt schon wieder nach Bürokratie und Wahlversprechen, die dann doch nicht eingehalten werden. Außerdem gab es bereits nach dem Ende des 1. und 2. Weltkriegs ernsthafte Bemühungen, eine Weltregierung zu installieren, aber wie wir alle wissen ohne Erfolg. Da sich seitdem die Machtverhältnisse auf der Welt noch mehr gefestigt haben, wäre es wahrscheinlich illusorisch zu glauben, dass sie jetzt doch durchgesetzt werden könnte. Ich muss mir daher etwas anderes, aber genauso so wirksames überlegen…

Ich glaube realistischer wäre ein „Welt-Globalisierungsrat". Schließlich müsste diese Institution den höchsten Sachverstand der Welt bezogen auf die Globalisierungsthemen verkörpern.

Das wäre keine "Regierung" mit all den Schwächen, die ein solcher Apparat in sich birgt, sondern eine Art "Sachverständigenrat" auf höchster Ebene. Um klarzustellen, dass es sich um eine machtvolle Institution handeln muss, die anderen Staaten auch Ziele vorgeben darf (Weisungen erteilen), würde ich noch ergänzen „mit Weisungsbefugnis".

Ja, das könnte die Lösung sein. Dann könnten nicht mehr egoistische Länder einseitig ihre Interessen verfolgen, sondern es würde das getan werden, was im Interesse der Weltbevölkerung getan werden muss. Hier würden sich die fähigsten Köpfe der Welt mit den existenziellen Problemen der Menschheit befassen und global wirksame Lösungen erarbeiten. Und dann auch dafür sorgen, dass die einvernehmlich entwickelten Lösungen auch tatsächlich von den Länderregierungen umgesetzt werden.

Das sollte gelingen, denn an Sachverstand mangelt es uns auf der Erde meines Erachtens nicht. Wir haben nur ein Umsetzungsproblem. Damit habe ich endlich die Lösung:

Ein **"Welt-Globalisierungsrat mit Weisungsbefugnis".** War doch gar nicht so schwer!

Teil 2: Acht Visionen

Nach der etwas flapsigen Analyse der aktuellen Probleme der Menschheit komme ich zum - wenig überraschenden - Ergebnis: Die Probleme sind so komplex und weltweit vernetzt, dass die Menschheit sie mit ihrem System einzelner autarker und grundsätzlich gleichberechtigter Staaten nicht mehr lösen kann.

Nach meiner festen Überzeugung sind all die enormen Fortschritte, welche die Menschheit in den letzten zweihundert Jahren gemacht hat, dadurch in Gefahr, dass die Staatengemeinschaft es nicht schafft, die ganz großen globalen Probleme mit gemeinsamen Zielen und Aktionen konsequent anzugehen.

Viele Länder denken so, wie Donald Trump es offiziell verkündet: *„Mein Land steht an erster Stelle. Was das für Auswirkungen für andere Länder hat, ist mir absolut egal".*

Nur eine unabhängige, überstaatliche und machtvolle Institution wie ein "Welt-Globalisierungsrat" wäre imstande, dies zu ändern und die Welt zu retten.

Das ist zunächst aber nur eine These.

Ob diese Lösung wirklich tragfähig ist, werde ich in den folgenden Kapiteln einem Praxistest unterziehen. Ich werde testen, ob acht der drängendsten Probleme der Menschheit von einem "Welt-Globalisierungsrat mit Weisungsbefugnis" gelöst werden könnten.

Sie dürfen gespannt sein!

Die globalen Probleme der Menschheit sind zugleich meine Visionen für eine bessere Welt:

Vision 1:

**Wir schaffen es, die globalen Lebensbedingungen
auf der Erde wieder lebenswert zu machen**

Vision 2:

**Wir schaffen es, weltweit die
atomare Bedrohung abzuwenden**

Vision 3:

**Wir schaffen es, die Ressourcen der Erde
gerechter zu verteilen**

Vision 4:

**Wir schaffen es, wieder gesunde Lebensmittel
im Einklang mit der Natur zu produzieren**

Vision 5:

**Wir schaffen es, weltweit den
Waffeneinsatz und -handel zu beschränken**

Vision 6:

**Wir schaffen es, dass die Reichen freiwillig
die Armen unterstützen**

Vision 7:

**Wir schaffen es, dass weltweit an den Schaltstellen
der Macht nur Menschen mit "Best-Eignung" sitzen**

Vision 8:

**Wir schaffen es, dass alle Menschen
verantwortungsbewusst und empathisch
miteinander umgehen**

Vision 1:
Wir schaffen es, die globalen Lebensbedingungen auf der Erde wieder lebenswert zu machen

"Globale Lebensbedingungen auf der Erde" ist natürlich ein extrem umfassender Begriff. Ich denke im Kontext dieses Themas dabei insbesondere an die Erderwärmung, Luftverschmutzung, Flucht und Vertreibung, Rodung der Regenwälder und Kontaminierung der Weltmeere durch Mikroplastikartikel.

Die globale Erwärmung ("Erderwärmung") ist nach übereinstimmender Auffassung namhafter Wissenschaftler eine Bedrohung für die ganze Welt. Das Weltwirtschaftsforum Davos (WWF) stuft den Klimawandel als eins der größten globalen Risiken ein[17]:

"Das Wechselspiel zwischen der Belastung der wirtschaftlichen und ökologischen Systeme werde unvorhersehbare Herausforderungen für globale und nationale Widerstandsfähigkeiten darstellen". (Zitat Ende)

Wie stark sich die Erde erwärmen wird, kann allerdings kein Forscher mit Sicherheit sagen, denn nicht nur der Mensch setzt Treibhausgase frei.

Der Verbrauch von Kohle als weltweit immer noch zweitgrößte Energiequelle[18] spielt bei dem ganzen Thema eine besonders negative Rolle. Der Weltklimavertrag von Paris im Jahr 2015[19] wurde als Durchbruch für den Klimaschutz gefeiert. Die Realität sieht anders aus: Aktuell werden mehr als 1.600 Kohlekraftwerke geplant und gebaut – vor allem in Asien, aber auch in Europa[20]. Viele Länder wie China, Indien, Indonesien, Vietnam, die Türkei, Bangladesch und Ägypten setzen verstärkt auf die Kohle.

---

[17] Quelle: Website des WWF (http://www.wwf.de/2014/september/globaler-burn-out/)

[18] Quelle: Hans Rosling, Factfulness, Seite 167

[19] Quelle: Website der Bundeszentrale für politische Bildung (http://www.bpb.de/politik/hintergrund-aktuell/216161/klimagipfel)

[20] Quelle: Handelsblatt vom 26.02.2018 (www.handelsblatt.com › Unternehmen › Energie)

Die in Frankreich und mehreren anderen Ländern in verschiedenen Sprachausgaben erscheinende Monatszeitung "Le Monde diplomatique" rügt im 2019 erschienen "Atlas der Globalisierung" zu Recht:

"Die weltweite Klimapolitik ... hat an Schwung verloren. Seit dem Pariser Abkommen sind die Vorgaben klar und die Aufgaben verteilt. Die Ziele des Abkommens sind völkerrechtlich verbindlich. Aber niemand außer der eigenen Bevölkerung kann die Staaten zwingen, sie umzusetzen.

Es wäre schon ein großer Erfolg, wäre die Welt auf einem Kurs zu 2 Grad plus in 2100. Denn nach den bisherigen Trends und Szenarien steuern wir auf eine Erwärmung von 3 bis 4 Grad zu – mit potenziell katastrophalen Folgen".

Die Zeitschrift "Nature" hat am 01. Dezember 2016 eine schockierende Studie veröffentlicht, nach der sich der Klimawandel nicht mehr umkehren lasse, es könnten nur seine Folgen abgemildert werden. Hier ein Auszug[21]:

"55 Milliarden Tonnen Kohlendioxid werden bis 2050 zusätzlich in die Atmosphäre gelangen. Bislang sind sie in den Böden gespeichert. Doch mit zunehmender Erderwärmung verlieren die Böden immer stärker ihre Funktion als Kohlenstoffsenken, das CO2 wird freigesetzt. Dadurch, so die Wissenschaftler, werde ein Teufelskreis von "positiven Feedbacks" in Gang gesetzt. Je mehr Erwärmung, desto mehr Verlust an Senken, was wiederum zu mehr Erwärmung führt. Wir müssen davon ausgehen, dass wir den "Point of no Return" schon überschritten haben. Der Klimawandel lasse sich nicht mehr umkehren. Allerdings könnten seine Folgen abgemildert werden." (Zitat Ende)

---

[21] Quelle: Website von Motherboard (https://motherboard.vice.com/de/article/bm78g4/biologen-warnen-es-steht-noch-schlechter-um-die-erde-als-wir-bisher-dachten)

Und was mich besonders entsetzt:

Die Inhalte der Studie aus 2016 sind jetzt im Jahr 2026 immer noch genauso aktuell, die Menschheit hat in 10 Jahren nichts dazu gelernt!

Diese Situation wäre schon schlimm genug, aber es geht nicht nur um die direkten Auswirkungen der Erderwärmung.

Verschiedene Militärstrategen und Sicherheitsexperten befürchten geopolitische Verwerfungen infolge von Klimaveränderungen, die sicherheitspolitische Risiken für die Stabilität der Weltordnung und den "Weltfrieden" bergen.

Auch der UN-Sicherheitsrat gab im Jahr 2011 auf Initiative Deutschlands eine entsprechende Erklärung ab.

Flucht und Vertreibung gibt es seit es die Menschheit gibt. Seit Ende des 20. Jahrhunderts haben sich aber die Flüchtlingsbewegungen globalisiert. Zwar bilden kriegerische Konflikte weiterhin oftmals die Ursache, doch zunehmend spielen auch andere Gründe eine Rolle, warum Menschen ihre Heimat verlassen: Armut, Hunger, Umweltkatastrophen und fehlende Lebensperspektiven. Trotz der wachsenden Hilfsangebote von verschiedenen Seiten hat sich die Lage für Flüchtlinge im neuen Jahrtausend nicht verbessert. Im Sudan leben z.B. Millionen Flüchtlinge in Lagern. Laut einem Bericht der Vereinten Nationen waren Mitte 2015 weltweit circa 60 Millionen Menschen auf der Flucht[22].
Die Staatengemeinschaft hat es auch hier nicht geschafft, die Fluchtursachen durch konzertierte Aktionen wirksam zu bekämpfen.

Nun müsste man meinen, dass Flucht ein Thema ist, das alle Länder angeht, aber so ist es beileibe nicht.

---

[22] Quelle: Website von planet wissen (https://www.planet-wissen.de/geschichte/menschenrechte/fluechtlinge/)

Es gibt Länder mit einer humanen und Länder mit einer weniger humanen Einstellung[23]:

"Im September 2015 hatte die EU die Umverteilung von 160.000 Flüchtlingen vereinbart. Griechenland und Italien sollten damit entlastet werden. Finnland hat die meisten aufgenommen, zwölf Länder drücken sich: Die Länder Osteuropas wehren sich bislang gegen die in Europa vereinbarte Quotenregelung.
Griechenland, Italien und Ungarn sind von der Quote befreit. Großbritannien und Dänemark beteiligen sich nicht an der EU-Asylpolitik. Auch die Vereinigten Staaten glänzen bei der Aufnahme von Flüchtlingen nicht." (Zitat Ende)

Die Aufnahme der Flüchtlinge ist das eine, wichtiger ist aber die Bekämpfung der Fluchtursachen. Nur dadurch kann vermieden werden, dass sich die Welt einem nie endenden Flüchtlingsstrom gegenüber sehen wird. Hier gibt es zwar auch gute Aktivitäten einzelner Länder, es fehlt aber eine gemeinsame Weltstrategie. Zusammenfassend kann man also sagen: Auch wenn diese Probleme von den meisten Staaten mittlerweile als besonders dringlich erkannt wurden, schreitet die globale Erwärmung weiter fort. Der Grund ist bekanntermaßen, dass sich die Staatengemeinschaft nicht auf anspruchsvolle gemeinsame Klimaziele - und vor allem auf deren Durchsetzung - einigen kann. Einzelne Staaten - wie z.B. die USA - sehen nicht das Erfordernis, umgehend zu handeln bzw. verfolgen primär die eigenen innenpolitischen Interessen, ohne sich ihrer Verantwortung für die Erde bewusst zu werden. Wenn sich aber gerade die großen Staaten nicht an Maßnahmen zur Abschwächung der Erderwärmung beteiligen, können auch überdurchschnittliche Anstrengungen der restlichen Staaten nicht ausreichen, um die Klimakatastrophe aufzuhalten.

---

[23] Quelle: Spiegel online vom 12.05.2016 (http://www.spiegel.de/thema/fluechtlinge/archiv-2016134.html)

Es gibt zwar wunderbare Aktivitäten von einzelnen Unternehmen, Organisationen oder Personen, die versuchen, das Steuer herumzureißen. Vorbildlich ist z.B. die Gruppe 350.org[24], die weltweit an Kampagnen gegen den Klimawandel arbeitet.

Aber wir brauchen zusätzlich eine ganz oben angesiedelte Institution, die Kompetenz und Macht verkörpert.

Nur eine über allen Staaten stehende unabhängige Institution könnte in solchen und ähnlichen Fällen ein Machtwort sprechen und die Staaten dazu verpflichten, ihre Vereinbarungen auch einzuhalten!

Auch die Luftverschmutzung nimmt weltweit zu. Mehr als drei Millionen - so groß ist die Zahl der Menschen, die jedes Jahr weltweit durch die Folgen von Feinstaubbelastung sterben. Zu dieser traurigen Bilanz kamen Forscher in einer Studie aus dem Jahr 2015[25]. Noch schlimmer aber ist: Wird nichts gegen die Luftverschmutzung getan, könnten im Jahr 2050 schon mehr als sechs Millionen Menschen jährlich an Smog und Feinstaub sterben.

Es gibt noch etwas anderes, das weit weg von uns Europäern ist, unser künftiges Leben aber dennoch stark beeinflussen wird:

Jair Bolsonaro hat während seiner Amtszeit als brasilianischer Präsident (2019–2022) durch eine gezielte Politik der Deregulierung und Schwächung von Umweltbehörden massive Schäden im Amazonas-Regenwald verursacht. Die Abholzung erreichte Höchststände, die als "Kahlschlag" bezeichnet wurden[26]:

- Massiver Anstieg der Entwaldung: Unter Bolsonaro stieg die Abholzung im Amazonasgebiet um durchschnittlich 75 % im Vergleich zum vorherigen Jahrzehnt. Allein zwischen August

---

[24] Quelle: Website von 350.org (https://350.org/de/)

[25] Quelle: Website von wissen.de (www.wissen.de/dicke-luft-die-dreckigsten-grossstaedte-der-welt)

[26] Quelle: google.com Schäden am Regenwald durch Bolsonaro

2019 und Juli 2020 wurden über 11.000 Quadratkilometer Regenwald vernichtet.

- Schäden in der Größe Belgiens: In seinen ersten drei Amtsjahren wurden rund 34.000 Quadratkilometer Wald abgeholzt, was einer Fläche größer als Belgien entspricht.

- 15-Jahres-Hoch: Gegen Ende seiner Amtszeit (2022) erreichte die Entwaldung den höchsten Stand seit 15 Jahren.

- Förderung illegaler Aktivitäten: Durch Kürzungen bei Umweltbehörden (wie Ibama) und Rhetorik, die illegale Landnahme, Bergbau und Abholzung legitimierte, wurde der Waldschutz weitgehend ausgehebelt.

- Klimawandel und Kipppunkt: Durch die Zerstörung stößt der Amazonas mittlerweile mehr CO2 aus, als er aufnimmt. Dies beschleunigt den Klimawandel und bringt den Regenwald näher an einen "Kipppunkt" (Dieback), ab dem sich das Ökosystem irreversibel in eine Savanne verwandeln könnte.

- Vertreibung indigener Gemeinschaften: Die Politik förderte die Ausbeutung von natürlichem Reichtum auf indigenem Land, was zu Konflikten und Vertreibungen führte.

Die Zerstörung des brasilianischen Regenwaldes, primär durch Brandrodung für Sojafelder und Rinderweiden, bleibt trotz Fortschritten gravierend. Zwischen August 2023 und Juli 2024 wurden rund 5.800 km² zerstört. Zwar sanken die Zahlen unter Präsident Lula da Silva auf den niedrigsten Stand seit 2014, dennoch ist die Zerstörung von Wäldern durch Brände weiterhin hoch.

Ein relativ neues aber kaum weniger gewichtiges Problem ist die Verseuchung der Weltmeere mit Plastik. Der WWF beschreibt den aktuellen Sachstand wie folgt[27]:

---

[27] Quelle: https://www.wwf.de/themen-projekte/meere-kuesten/plastik/unsere-ozeane-versinken-im-plastikmuell/

"Von den jährlich 78 Millionen Tonnen der weltweit gebrauchten Plastikverpackungen gelangen 32 Prozent unkontrolliert in die Umwelt, wie zum Beispiel in die Meere. Zudem gelangen auch Mikroplastikpartikel in Gewässer und die Ozeane. Im Meer sind gerade diese kleinen Partikel ein großes Problem, da sie von den Meerestieren mit Nahrung, zum Beispiel Plankton verwechselt werden. So konnten in Muscheln, die Planktonfiltrierer sind, diese kleinen Plastikpartikel nachgewiesen werden. Mikroplastikpartikel gelangen problemlos in die Körper von Meerestieren und können durch deren Verzehr auch in den menschlichen Organismus aufgenommen werden. Welche Auswirkungen das haben kann, ist noch nicht erforscht. Doch eines ist sicher: Plastik enthält oft auch Giftstoffe wie Weichmacher und Flammschutzmittel, die den Meeresbewohnern schaden und durch die Nahrungskette auch den Menschen erreichen können." (Ende des Zitats)

Wie das Plastik in die Weltmeere kommt, ist inzwischen auch durch Studien nachgewiesen: Ein Teil stammt von der Bevölkerung in Küstennähe, die Plastikabfälle nicht fachgerecht entsorgt und rund zwei Drittel stammen aus Flüssen (die meisten davon in Asien), die Plastikabfälle ins Meer transportieren[28].

Indien weist nach einer Studie von 2015 weltweit die größte Misswirtschaft mit Plastikmüll auf. Nach Meinung von Aktivisten ist die Politik viel zu zögerlich.

Dabei ist die "Vermüllung" der Meere mit Plastik nicht einmal das größte Problem. Weitaus gravierender sind nach Ansicht von Experten die Auswirkungen des Klimawandels: Die Meere versauern, erwärmen sich und der Meeresspiegel steigt an. Dazu kommt die Überfischung[29].

---

[28] Quellen: Studien aus *Science* (2015) und *Nature Communication* (2016)

[29] Quelle: mare – Die Zeitschrift der Meere, No. 131 vom Dezember 2018/Januar 2019, Seite 38-39

Nach neuester Erkenntnis findet sich Mikroplastik sogar in unserer Luft, d.h. wir atmen ständig kleinste Mengen an Plastik ein. Was das langfristig für gesundheitliche Folgen hat, daran mag ich gar nicht zu denken…

Zum Abschluss dieses Kapitels komme ich nun zu den brennenden Fragen, die sich viele Leserinnen und Leser wahrscheinlich beim Lesen der letzten Seiten schon gestellt haben:

Was sind die Ursachen dieser Probleme? Wie wichtig und wie dringend ist das Thema? Was könnte so etwas wie eine "Weltregierung" im Vergleich zu einzelnen Staaten oder Staatenverbünden besser machen? Was passiert, wenn wir nichts machen und einfach abwarten?

Ich werde versuchen, auf diese komplexen Fragen kurze Antworten zu geben:

Was sind die Ursachen dieser Probleme?

Für die Ursache-Wirkung-Bestimmung bietet sich die „5-Why-Methode"[30] an. Sie wurde von Toyoda Sakichi, der als der König der japanischen Erfinder bezeichnet wird, entwickelt und kommt aus dem Qualitätsmanagement. Dieses Konzept ist heute Teil der „6-Sigma-Methode zur Problemlösung, Qualitätsverbesserung und Kostensenkung". Die Anwendung ist sehr einfach, man stellt so lange die Frage „Warum?", bis der Problembereich eindeutig identifiziert und nicht mehr weiter aufteilbar ist. Dann kennt man die Ursache. Auf dieser Basis kann man die Problemlösung angehen. So sieht das aus:

---

[30] Siehe Wikipedia (https://de.wikipedia.org/wiki/5-Why-Methode)

Ausgangspunkt ist das Problem: „Die globalen Lebensbedingungen auf der Erde sind nicht mehr lebenswert".

(1) Warum ist das so?

Weil Milliarden von Menschen in Armut leben und die Umwelt immer mehr geschädigt wird.

(2) Warum ist das so?

Weil die reichen Länder keine Grenzen ihres Wachstums akzeptieren wollen.

(3) Warum ist das so?

Weil diese Staaten egoistische nationale Interessen verfolgen und nicht an die Erde insgesamt denken.

(4) Warum ist das so?

Weil die Erde insgesamt keine Lobby hat. Es gibt zwar die UN als Zusammenschluss von 193 Staaten, sie hat aber nicht die Macht, global geltende Standards festzulegen und deren Einhaltung durchzusetzen.

Wie wichtig ist das Thema?

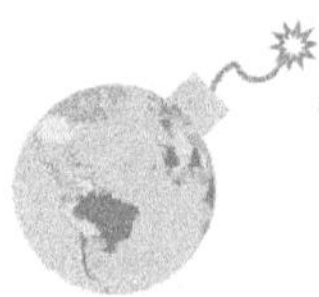

Die Probleme "Erderwärmung" und "Luftverschmutzung" mit den Folgen von Flucht und Vertreibung betreffen nicht nur die Inselstaaten, sondern nahezu die gesamte Weltbevölkerung. Soweit wohlhabende Bürger der Meinung sind, sie könnten sich mit ihrem Geld einen sicheren Platz erkaufen, befinden sie sich in einem tragischen Irrtum. Wirbelstürme, Überschwemmungen, Hitzeperioden u.Ä. werden vermehrt auftreten und vermeintlich sichere Orte über Nacht zu Katastrophengebieten machen. Gesundheitsschädlicher Smog und Feinstaub treten in immer mehr Großstädten auf.

Gleiches gilt für "Flucht und Vertreibung", "Rodung der Regenwälder" und "Gefährdung der Weltmeere".

Alle diese Herausforderungen sind vermehrt mit der Globalisierung entstanden bzw. gewachsen und betreffen direkt oder indirekt nahezu alle Menschen auf unserer Welt.

Wie dringend ist die Lösung des Problems?

Hinsichtlich der Zeit, die uns zum wirksamen Gegensteuern noch verbleibt, sind sich die Experten nicht einig. Sicher ist aber offenbar, dass es sich nicht um viele Jahrzehnte handelt.

Barack Obama hat es im Jahr 2015 so formuliert: *"Wir sind die erste Generation, die die Auswirkungen des Klimawandels spürt, und die letzte, die etwas dagegen tun kann"*[31].

"Le Monde diplomatique" prophezeit im "Atlas der Globalisierung" unter "Die Klimafrage" folgendes:

"Das Jahrzehnt bis 2030 wird darüber entscheiden, ob der Klimawandel für die Menschen einigermaßen beherrschbar bleibt – und ob seine Bekämpfung mit den Nachhaltigen Entwicklungszielen (Sustainable Development Goals, SDG) der Vereinten Nationen verknüpft werden kann: Ende der Armut, Bildung für alle, Zugang zu Gesundheitsvorsorge, Rettung der natürlichen Lebensgrundlagen, des Ackerbodens, der Luft, des Trinkwassers, der Meere. Von den 17 SDGs ist die Beherrschung des Klimawandels "nur" Nummer 13 - aber ohne eine Lösung dafür sind die anderen 16 Ziele nicht zu erreichen." (Ende des Zitats)

---

[31] Quelle: eco-world (http://www.eco-world.de/scripts/basics/econews/basics.prg?a_no=29524)

Im Abschnitt "Die Klimamacher kommen" präsentiert der "Atlas der Globalisierung" erschreckende Fakten:

"Um 1,5 Grad Erderwärmung mit einer 66-prozentigen Wahrscheinlichkeit nicht zu überschreiten, dürfen laut dem Sonderbericht des Weltklimarats (IPCC) vom Oktober 2018 noch knapp 420 Gigatonnen (Gt) CO2 in die Atmosphäre abgegeben werden. Wenn die Welt weiterhin so viel emittiert wie 2018, wäre dieses Budget spätestens 2029 aufgebraucht." (Ende des Zitats)

Im Jahr 2020 erschien die erste Ausgabe des „Registers ökologischer Bedrohungen" (ETR), das 157 unabhängige Staaten und Territorien umfasst. Hergestellt vom Institut für Wirtschaft und Frieden (IEP), misst das ETR die ökologischen Bedrohungen, denen die Länder gegenwärtig ausgesetzt sind, und liefert Projektionen bis 2050.

Im Jahr 2050 könnte der Studie zufolge der Lebensraum von mehr als einer Milliarde Menschen auf der Welt bedroht sein. Klimawandel, Konflikte und Unruhen könnten etliche dieser Menschen dazu drängen, ihre Heimatländer zu verlassen. Besonders bedrohte Hotspots sind die afrikanische Sahelzone, weiter südlich liegende afrikanische Staaten wie Angola oder Madagaskar sowie der Nahe Osten von Syrien bis Pakistan.

Bereits 2040 könnten mehr als fünf Milliarden Menschen von hoher oder extrem hoher Wasserknappheit betroffen sein, etwa in Indien oder China[32].

---

[32] Quelle: https://www.tagesschau.de/ausland/studie-lebensraum-101.html?utm_source=pocket-newtab-global-de-DE

Wie hoch ist die Wahrscheinlichkeit, dass das Problem auch ohne eine machtvolle Welt-Institution gelöst wird?

Hinsichtlich der wohl größten Bedrohung, der Erderwärmung, haben es die derzeitigen Regierungen nur geschafft, Absichtserklärungen abzugeben. Und dies nicht einmal auf der ganzen Welt, sondern nur in einzelnen Ländern.

Das aktuelle Beispiel USA zeigt, dass man nicht darauf vertrauen darf, dass die zuständigen Regierungen weltpolitisch denken.

Wenn man betrachtet, wie schwer sich selbst die deutschen Parteien taten, ein gemeinsames Programm aufzustellen (siehe die Koalitionsverhandlungen Winter 2017 bis Frühjahr 2018) so ist bei realistischer Betrachtung die Wahrscheinlichkeit, dass sich alle Länder der Welt aus eigenem Antrieb zeitnah auf ein wirksames Klimaschutzprogramm einigen und dies auch konsequent umsetzen, extrem gering.

Allerdings kann man den Politikern kaum einen Vorwurf machen. Politiker gehen bei der Lösung von Problemen naturgemäß ganz anders vor als Wissenschaftler/Ingenieure:

Wissenschaftler/Ingenieure analysieren das Problem und erheben valide Daten. Aus den Ergebnissen ziehen sie ihre Schlüsse und stellen dann kompromisslose Forderungen auf, die effektiv der Problemlösung dienen.

Politiker lassen sich von Wissenschaftlern/Ingenieuren beraten und überlegen sich dann, welche Auswirkungen der Lösungsvorschlag haben wird:

- Auf die Wirtschaft (wird das Wirtschaftswachstun eventuell davon beeinträchtigt?)
- Auf den wohlhabenden Teil der Bevölkerung (wird der Vorschlag eventuell dazu führen, dass Vermögen in andere Länder transferiert wird?)
- Auf die Mittelschicht (werden eventuell sehr viele Menschen von dem Vorschlag negativ betroffen sein?)
- Auf die Einkommensschwachen (wird die Schere zwischen Arm und Reich noch weiter auseinandergehen?)
- Auf bestimmte Wählergruppen (kann der Vorschlag dazu führen, dass Stammwähler verloren gehen?).

Das Ergebnis dieser Abwägungen müssen zwangsläufig Kompromisse sein. So kommen wir zu Gesetzen, die vom ursprünglichen Vorschlag der Wissenschaftler/Ingenieure so weit abweichen, dass diese sie kaum mehr wiedererkennen.

In Deutschland sah man das beim "Klimapaket" der Großen Koalition (Groko) auf der Basis der Vorschläge des im Jahr 2019 in aller Eile gegründeten Klimarates der Bundesregierung. Es sollte eigentlich sicherstellen, dass die in Paris verbindlich festgelegten Klimaziele eingehalten werden können. Aber weit gefehlt! Damit sich weder die Wirtschaft noch die Bevölkerung stark einschränken müssen, ist ein Klimaschutzgesetz herausgekommen, das die Bezeichnung nicht verdient und im Hinblick auf das 1,5 Grad-Ziel wirkungslos sein wird.

Welche Schlüsse kann man daraus ziehen?
Landespolitiker sind von Haus aus nicht dazu geeignet, globale Politik zu machen. Sie sind primär ihrem Land verpflichtet und werden natürlich auch so agieren.
Wenn es um globale Probleme wie den Klimawandel geht, müssen wir uns etwas anderes einfallen lassen. Das versuche ich mit diesem Buch zu skizzieren.

Übrigens:

Auf der Weltklimakonferenz in Bonn im November 2017 wurde bekanntgegeben, dass der CO2-Ausstoß nach zwei Jahren der Stagnation jetzt wieder steige.

Auch jetzt nach 8 Jahren (!) ist die erhoffte Trendwende beim Ausstoß von Kohlendioxid (CO2) ausgeblieben: Ein Bericht für das Jahr 2025 geht davon aus, dass die weltweiten Emissionen des Treibhausgases weiter steigen, voraussichtlich um 1,1 Prozent gegenüber dem Vorjahr[33].

Die Hauptverantwortung dafür trägt offenbar China, und das obwohl gerade China sich vor nicht allzu langer Zeit zur Schutzmacht des Klimapakts erklärt hatte.

Man muss dabei natürlich bedenken, dass Länder wie Indien, Afrika und China gegenüber der westlichen Welt ein großes Nachholbedürfnis haben.

Auch die Menschen in diesen Ländern wollen irgendwann leben wie wir und Wirtschaftswachstum ist mit Umweltbelastung verbunden. Jetzt zu sagen "die Erde ist schon genug belastet, ihr dürft euch nicht weiterentwickeln" wäre ungerecht und würde bei diesen Ländern zu Recht auf Unverständnis treffen.

Das heißt, die westliche Welt müsste sich noch anspruchsvollere Klimaziele setzen, um dies auszugleichen. Aber auch das wird nicht gerade auf Begeisterung stoßen und freiwillig wahrscheinlich nie gemacht werden.

Ich weiß, wir haben seit 1988 den "Weltklimarat", dem Wissenschaftlerinnen und Wissenschaftler aus der ganzen Welt angehören[34]. Aber hat das die Welt gerettet?

---

[33] Quelle: https://www.tagesschau.de/wissen/klima/global-carbon-budget-2025-100.html

[34] Quelle: Homepage des Weltklimarats (https://www.de-ipcc.de/119.php)

Leider nein, denn auch diese Organisation, die immerhin 195 Länder als Mitglied hat, erstellt nur Berichte und hat keinerlei Handlungsvollmacht.

Nicht einmal konkrete Lösungswege oder politische Handlungsempfehlungen darf sie vorzuschlagen...

Anfang der 20er-Jahre setzen viele Menschen in den Industrieländern große Hoffnung auf die "Fridays-for-Future"-Bewegung von Greta Thunberg, aber diese Bewegung ist leider „eingeschlafen".

Sehr schade, denn es ist sehr zu begrüßen, dass sich Jugendliche Sorgen um unser Klima machen und die Politiker z.B. durch ihre Schulstreiks dazu zwingen wollen, endlich aktiv zu werden und die Vereinbarungen des Abkommens von Paris auch einzuhalten.

Aber der CO2-Ausstoß ist nur eines von mehreren zusammenhängenden globalen Themen (meines Erachtens sind es acht) und die Bewegung wird es bestenfalls erreichen, die "schläfrigen" Regierungen zum Thema "Erderwärmung" etwas wachzurütteln. Aber das wird leider nicht ausreichen, solange die Regierungen ihre nationalen Interessen in den Vordergrund stellen.

Aber dennoch: Lassen Sie uns mal überlegen, wie es weitergehen würde, wenn Fridays for Future (Deutschland) ihr Ziel erreicht hätte und die Bundesregierung alles tun würde, um die Klimaziele (Paris-Abkommen) doch noch zu erreichen. Wir alle würden dann erleben, dass Deutschland immer weniger CO2 ausstößt und bis 2050 vielleicht klimaneutral ist.

Aber auf der globalen Ebene würden wir sehen, dass der weltweite CO2-Ausstoß kaum zurückgegangen ist, weil die großen Emittenten wie China, Indien und die USA die Anstrengungen von Ländern wie Deutschland durch höheren Ausstoß kompensiert haben.

Nun kann man erwidern: FfF war nicht nur in Deutschland, sondern auch in vielen anderen Ländern aktiv. Das ist richtig. Aber eben nicht in China und kaum in Indien und den USA.

Man kann weiter erwidern: FfF hat auch schon vor der UN-Vollversammlung für den weltweiten Kampf gegen den Klimawandel geworben. Auch das ist richtig. Aber was hat es gebracht? Nichts. Und warum? Weil auch die UN nicht die Macht hat, alle Staaten zu verpflichten, das zu tun, was eigentlich getan werden müsste.

Manche der großen CO_2-Versursacher, aber auch manche Wissenschaftler, setzen Hoffnungen auf "Climate-Geoengineering". Darunter versteht man vorsätzliche, großräumige Eingriffe mit technischen Mitteln in verschiedene geochemische und biochemische Kreisläufe der Erde mit dem Ziel der CO_2-Reduzierung. Es gibt einige Gründe, die dafür sprechen, z.B. die Welt für die Zukunft zu wappnen ("Arming the Future"), die Vermutung, dass der Einsatz des Geoengineering kostengünstiger sei, als die CO_2-Reduzierung ("Efficiency") oder die Einschätzung, dass es einfacher sei, Schwefelinjektionen durchzuführen, als Millionen von Menschen und viele Industrien zu einer gewaltigen Reduzierung ihrer Emissionen zu zwingen ("Easiness").
Die Gegner des "Climate-Geoengineering" haben natürlich auch gravierende und gewichtige Argumente. Hauptargument ist, dass dadurch die Menschheit Gott spiele und als "Weltingenieur" in globale Naturprozesse eingreife ("Hybris").
Dies könne sich in der Zukunft in vielfältiger und absolut nicht kalkulierbarer Weise rächen.

Ich will nicht entscheiden, wer nun Recht hat, aber ich bin überzeugt, dass die Menschheit es sich nicht leisten kann, auf diesem Gebiet nicht intensiv zu forschen. Wenn die 2 Grad-Grenze überschritten wurde, ist "Climate-Geoengineering" wahrscheinlich die einzige Chance, die große Katastrophe noch abzuwenden.

Liebe Leserin, lieber Leser, das alles ist für mich ein weiterer Beleg: Wir können diese globalen Probleme nur mit einer global agierenden Macht lösen, die in erster Linie die Zukunft der Erde im Blick hat und notfalls Staaten "zu ihrem Glück zwingt" (natürlich mit demokratischen Mitteln): Mit einer machtvollen Institution wie dem "Welt-Globalisierungsrat".

Welche Folgen sind zu erwarten, wenn die Problematik nicht gelöst wird?

Man braucht kein Prophet zu sein, um zu prognostizieren, dass ein weiterer Anstieg der Erderwärmung und die ungezügelte Rodung der Regenwälder zu vermehrten Naturkatastrophen und Flüchtlingsströmen führen werden.

Die Kontaminierung der Weltmeere durch Mikroplastikpartikel wird nicht nur für Fischer existenzbedrohend werden, sondern sich gravierend auf die Welternährung auswirken.

Durch Luftverschmutzung könnten im Jahr 2050 Millionen Menschen jährlich an Smog und Feinstaub erkranken und sterben. Braucht man noch mehr Argumente?

Was würde sich konkret verbessern, wenn sich eine machtvolle Welt-Institution des Themas annehmen würde?

Eine Institution, die das Thema global angeht, würde systematisch und überlegt vorgehen:

Zu sagen, wir konzentrieren uns auf die Länder, bei denen der CO2-Ausstoß pro Kopf am höchsten ist (die also am wenigsten auf den Klimawandel Rücksicht nehmen), würde wenig bringen.

Denn dann wäre man bei Ländern wie Katar, Curacao, Kuwait und Bahrein. Alles große "CO2-Sünder", aber sehr kleine Länder. Selbst wenn man die alle zu einem vorbildlichen Verhalten anhalten könnte, wären die Auswirkungen auf das Weltklima nur marginal.

Es würde aber auch wenig bringen, sich auf die Länder zu konzentrieren, die insgesamt den höchsten CO2-Ausstoß haben.

Denn dann wäre man bei Ländern wie China und Indien, die alleine aufgrund der gigantischen Größe ihrer Bevölkerung hohe Emissionswerte haben (müssen).

Eine kompetente und neutrale Welt-Institution würde daher untersuchen, welche Aktivitäten den höchsten CO2-Ausstoß hervorrufen und in welchen Ländern diese Aktivitäten überwiegend praktiziert werden. Dann kämen die richtigen Länder ins Visier.

CO2 entsteht vor allem bei der Verbrennung fossiler Energieträger (Braunkohle, Steinkohle, Torf, Erdgas und Erdöl) durch Verkehr, Heizen, Stromerzeugung und Industrie. Es gibt vorbildliche Länder wie Deutschland, die den Ausstieg aus fossilen Brennstoffen zumindest angestoßen haben, aber leider gibt es viele andere große Länder wie China, die USA, Australien und Indien, die davon überhaupt noch nichts wissen wollen. Das sind die Länder, um die sich die Welt-Institution kümmern müsste.

Als "Hebel" kämen technische Unterstützung, finanzielle Unterstützung aber auch wirtschaftliche Sanktionen in Frage.

Es ist ja nicht so, dass es unmöglich wäre, die vereinbarten Klimaziele zu erreichen oder die Luftverschmutzung und den Plastikverbrauch drastisch zu reduzieren. Es gibt viele "Hebel", an denen die Regierungen ansetzen könnten und die auch in einigen Ländern schon Erfolge bringen. Aber die Umsetzung scheitert in der Regel an mächtigen Lobbyisten wie der Autoindustrie, der Kohleindustrie, den Öl-Multis usw.

Ein Grund dafür, dass wir die Erderwärmung noch nicht in den Griff bekommen haben, liegt meines Erachtens auch darin, dass die meisten Staaten dieser Welt jedes Jahr mehr Geld in ihren Rüstungshaushalt stecken, als in Bildung und Forschung.

Auch das könnte ein "Welt-Globalisierungsrat" ändern und dadurch sicherstellen, dass die Menschheit Mittel und Wege findet, den CO2-Ausstoß durch technische Lösungen zu begrenzen. Ansätze gibt es schon viele, aber sie scheitern bisher noch an begrenzten finanziellen Mitteln und nationalen Egoismen.

Eine unabhängige und machtvolle Welt-Institution könnte - ausgehend von Zielen für die Erde - für jedes Land Ziele erarbeiten und verpflichtend vorgeben. Dies wären - durch Experten dieser Institution erarbeitete - individuelle und anspruchsvolle aber erreichbare Werte.

Ob die Länder z.B. ihr Klimaziel durch einen veränderten Energiemix, durch Restriktionen bei der Zulassung von Kraftfahrzeugen, der Fahrbeschränkungen in Großstädten oder auf andere Weise erreichen, bliebe den Landesregierungen überlassen. Sie müssten nur regelmäßig ihre Aktivitäten und die Fortschritte nachweisen. Die machtvolle Welt-Institution würde sich aber nicht darauf verlassen, dass die Länderregierungen auch wirklich aktiv werden, sondern dies regelmäßig überprüfen und bei Bedarf reagieren (vgl. Teil 3 des Buches). Dadurch würden z.B. die negativen Auswirkungen der Erderwärmung für alle Menschen soweit es nur möglich ist begrenzt werden. Umweltkatastrophen würden mittelfristig abnehmen, zusammen mit all ihren schrecklichen - und für die Volkswirtschaft immens teuren - Folgen.

In den Wirtschaftsbereichen, die derzeit stark zum CO2-Ausstoß beitragen, würden natürlich Arbeitsplätze wegfallen. Das Beispiel Deutschland zeigt, dass der Umfang in der öffentlichen Diskussion allerdings überschätzt wird:

Nach einer aktuellen Studie von Arepo Consult[35] für die Bundestagsfraktion Bündnis 90/Die Grünen arbeitet in keinem der beteiligten Bundesländer mehr als 1% der Beschäftigten in der Braunkohle, insgesamt sind deutschlandweit maximal zwischen 42.000 und 74.000 Arbeitsplätze direkt oder indirekt betroffen.

Die betroffenen Länderregierungen müssten sich dennoch parallel zu den Veränderungen Gedanken machen, wie neue Arbeitsplätze für diese Menschen entstehen können. In diese Richtung gibt es aber schon viele innovative Ideen! Durch neue Aufgaben entstehen auch wieder neue Arbeitsplätze.

Als Zwischenlösung könnte der Welt-Globalisierungsrat im großen Stil das tun, was die UNESCO[36] derzeit schon im Kleinen schafft: Das Welterbe der Menschheit retten und viel mehr Gebiete zu "Naturdenkmälern" erklären. Das würde den Raubbau z.B. in den Regenwäldern einem Riegel vorschieben.

Ein Welt-Globalisierungsrat könnte z.B. auch die Weichen stellen für Denkansätze, die in unserem derzeitigen Wirtschaftssystem nur ein Nischendasein fristen.

Ich denke da insbesondere an "Cradle to Cradle" (C2C)[37].

Diese bereits in den 1990er-Jahren entworfene Philosophie plädiert dafür, dass wir unsere grundlegende Umwelt-Denkweise verändern:

---

[35] Quelle: Studie von Arepo Consult vom 01.07.2017 (https://www.gruene-bundestag.de/fileadmin/media/...de/.../APBK-Kurzstudie.pdf)

[36] Quelle: WIKIPEDIA (https://de.wikipedia.org/wiki/UNESCO)

[37] Quelle: Hompepage der NGO (https://c2c-ev.de/)

Alle Verbrauchsgüter, die naturgemäß einer Abnutzung ausgesetzt sind, sollten bereits bei der Herstellung konsequent für biologische Kreisläufe gestaltet werden.

Gebrauchsgüter sind dagegen keiner Abnutzung ausgesetzt, sollten extrem hochwertig ausgeführt werden und kontinuierlich in technischen Kreisläufen zirkulieren, sodass eine Rückführung gelingt.

Wenn wir das im großen Umfang schaffen würden, wäre das eine Revolution:

Alles was wir durch die Nutzung "verbraucht" haben, wie z.B. Kleidung, Schuhe, Möbel usw. landet nicht mehr in der Müllverbrennung oder auf Sondermülldeponien, sondern wird zu biologisch nutzbarem Wertstoff und damit dem Kreislauf zu 100 Prozent wieder zugeführt. Es gibt keinen "Müll" mehr!

Und alles, was wir langfristig gebrauchen wollen, wie z.B. Fernsehgeräte, Waschmaschinen, Smartphones usw. wird aus sehr hochwertigeren Bauteilen konstruiert, die nach einer bestimmten Nutzungsdauer sinnvoll weiterverwendet werden können. Diese Geräte müssten wir Verbraucher dann auch nicht wie bisher kaufen, denn wir wollen sie ja nur nutzen. Das Eigentum würde beim Hersteller verbleiben, er würde uns die Geräte für eine bestimmte Nutzungsdauer zur Verfügung stellen und dann zu neuen Geräten umbauen. Die hochwertigen Bestandteile würden das ja erlauben. Das wäre eine ganz neue Entwicklungsphilosophie.

Daran, dass sich die "Cradle to Cradle"-NGO seit fast 30 Jahren vergeblich bemüht, diese meines Erachtens absolut naheliegende aber gleichzeitig geniale Denkweise in den Köpfen von Politikern und den großen Wirtschaftsbossen weltweit zu verankern, sieht man, dass wir so etwas wie eine Weltregierung brauchen. Manchmal muss man die Menschheit zu ihrem Glück zwingen.

Wir haben das alle schon mehrfach erlebt: Beim Verbot von Sklavenhaltung, beim Verbot von Folter, beim Verbot von Fluorchlorkohlenwasserstoffen (FCKW), beim Rauchverbot in öffentlichen Räumen, beim Verbot von Asbest in Gebäuden usw.

Wir leben leider in einer Zeit, in der wir nicht darauf vertrauen können, dass die Menschheit so vernünftig ist, dass sie sich aus eigenem Antrieb positiv entwickelt.

Welche Zielkonflikte gibt es?

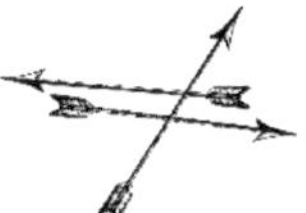

Alle Maßnahmen, die ein Welt-Globallsleiungsrat durchführen würde, um das Ziel zu erreichen, die globalen Lebensbedingungen auf der Erde wieder lebenswert zu machen, hätten (leider) zwangsläufig Einfluss auf andere Ziele:

Vorgaben zur Reduzierung des CO2-Ausstosses würden z.B. dazu führen, dass fossile Energieträger wie Öl und Benzin teurer werden, dass der globale Handel deutlich abnimmt, dass der Tourismus in Form von Fernreisen deutlich zurückgeht, dass bestimmte Lebensmittel teurer werden usw.

Nicht nur das Ziel des stetigen Wirtschaftswachstums wäre betroffen, sondern auch die persönliche Entfaltung der Menschen wäre eingeschränkt.

Auch daran sieht man, dass solche grundsätzlichen Weichenstellungen mit Bedacht und vor allem global abgestimmt erfolgen müssen. Wenn nur einzelne Länder ihrer Bevölkerung Belastungen zumuten, kommt es schnell zu Unverständnis und Unruhen. Hier muss man unbedingt global agieren.

Vision 2:
Wir schaffen es, weltweit die atomare Bedrohung abzuwenden

Der bekannteste Unfall in einer kerntechnischen Anlage ist die Nuklearkatastrophe in Tschernobyl (Sowjetunion) vom 26. April 1986, der erste sogenannte "Super-Gau".

Die deutsche Regierung hat nach dem zweiten "Super-Gau" (Fukushima 2011) erkannt, dass die Menschheit offensichtlich (noch) nicht so weit ist, dass sie die Atomkraft gefahrlos nutzen kann. Auch wurde immer deutlicher, dass keine sicheren Endlagerstätten für den Atommüll zur Verfügung stehen. Daraufhin wurde der Atomausstieg, das heißt die planmäßige Außerbetriebnahme und der Rückbau aller Kernkraftwerke, in Deutschland beschlossen.

Anders als Deutschland sind die meisten Länder trotz der bekannten Risiken aus wirtschaftlichen Gründen nicht bereit, auf die Kernenergie zu verzichten.

Im Gegenteil:

Weltweit sind derzeit über 150 bis 170 Kernreaktoren in verschiedenen Stadien der Planung, wobei sich zusätzlich etwa 50 bis 60 Reaktoren konkret im Bau befinden (Stand 2025). Die meisten Projekte sind in China, Russland und Indien geplant oder im Bau, um den Energiebedarf zu decken und bestehende Kraftwerke zu ersetzen.

Weltweit sind derzeit rund 440 Atomreaktoren in Betrieb. Die Hälfte von ihnen nähert sich dem Ende der ursprünglich geplanten Lebenszeit, aber aus politischen Gründen werden etliche von ihnen länger als vorgesehen in Betrieb bleiben.

Ob Kernkraftwerke eine atomare Bedrohung oder die Lösung der Energieprobleme der Menschheit darstellen, ist also umstritten. Eindeutig stellen aber Atomwaffen eine Bedrohung dar.

Das Stockholmer Friedensforschungsinstitut Sipri nennt die Fakten[38]:

"Dennoch existieren weltweit rund 15.000 Atomsprengköpfe in insgesamt neun Ländern. Mehr als 90 Prozent der Waffen gehören den USA und Russland.

Aber auch Frankreich, Großbritannien, China, Indien, Pakistan, Israel und Nordkorea haben Nuklearwaffen gelagert." (Zitat Ende)

Ein erster Schritt in Richtung atomarer Abrüstung wurde bereits 1968 unternommen: Im Atomwaffensperrvertrag[39] (Non-Proliferation Treaty/NPT) wird die Nichtverbreitung von Atomwaffen geregelt. Es heißt darin, dass der Besitz von Atomwaffen auf die USA, Russland, Frankreich, Großbritannien und die Volksrepublik China beschränkt bleiben soll. Der Vertrag verbietet es diesen fünf offiziellen Atommächten, Nuklearwaffen, atomwaffenfähiges Material und die entsprechende Technologie an andere weiterzugeben. Der Atomwaffensperrvertrag wurde am 1. Juli 1968 von den USA, der Sowjetunion und Großbritannien unterzeichnet und trat 1970 in Kraft. Mittlerweile haben 188 Staaten den Vertrag unterzeichnet, darunter auch die Volksrepublik China und Frankreich (beide 1992). Der Vertrag war zunächst für 25 Jahre gültig. 1995 wurde er auf unbestimmte Zeit verlängert.

Soweit die Theorie. Inzwischen weiß jedes Kind, dass neben den fünf genannten Ländern auch mehr als ein halbes Dutzend andere Länder im Besitz von Atomwaffen sind. Diese Staaten nennt man im Gegensatz zu den o.g. „offiziellen Atommächten" dann „faktische Atommächte" bzw. „vermutete Atommächte".

---

[38] Quelle: Stockholmer Friedensforschungsinstitut Sipri, Stand Anfang 2017 (http://www.dw.com/de/sipri-atomwaffen-weniger-aber-moderner/a-39512998)

[39] Quelle: Website der Bundeszentrale für politische Bildung (https://www.bpb.de/politik/hintergrund-aktuell/202278/eine-welt-ohne-atomwaffen)

Unglaublich aber wahr!

Interessant ist, dass die „Internationale Kampagne für die Abschaffung von Atomwaffen" (Ican) den Friedensnobelpreis erhalten hat. Das lässt hoffen!

Aber wie war die internationale Reaktion? Deutschland gratulierte zwar, bekräftigte aber die Ablehnung des Vertrags:

"Solange es Staaten gebe, die Atomwaffen als militärisches Mittel ansähen und Europa davon bedroht sei, besteht die Notwendigkeit einer nuklearen Abschreckung fort". (Zitat Ende)

So die Ausführungen der stellvertretenden deutsche Regierungssprecherin Ulrike Demmer am 7.10.2017.

Nato-Generalsekretär Jens Stoltenberg verkündete sogar, dass der von Ican verfochtene Verbotsvertrag für Atomwaffen die Fortschritte bei der Abrüstung und Nichtweiterverbreitung von Atomwaffen gefährde.

Die Organisation hatte maßgeblich am UN-Vertrag zum Verbot von Atomwaffen mitgewirkt, der im Juli 2017 unterzeichnet wurde und von 123 Staaten unterstützt wird. Die vermutlich neun Atommächte sowie fast alle Nato-Staaten – darunter Deutschland – hatten die Verhandlungen über den Vertrag boykottiert. Begründung: Da die Atommächte nicht teilnehmen, können die Verhandlungen nichts ändern[40].

Zum Abschluss dieses Kapitels komme ich nun zu den brennenden Fragen, die sich viele Leserinnen und Leser wahrscheinlich beim Lesen der letzten Seiten schon gestellt haben:

Was sind die Ursachen des Problems? Wie wichtig und wie dringend ist das Thema? Was könnte so etwas wie eine "Weltregierung" im Vergleich zu einzelnen Staaten oder Staatenverbünden

---

[40] Quelle: Tageszeitung „Der Bote" vom 7./8.Oktober 2017

besser machen? Was passiert, wenn wir nichts machen und einfach abwarten?

Ich werde versuchen, auf diese komplexen Fragen wieder kurze Antworten zu geben:

Was sind die Ursachen des Problems?

Für die Ursache-Wirkung-Bestimmung nutze ich wieder die „5-Why-Methode" (vgl. Vision 1).

Ausgangspunkt ist das Problem: „Die Weltbevölkerung leidet unter einer atomaren Bedrohung".

(1) Warum ist das so?

Weil über ein Dutzend Länder über Atomwaffen verfügen, mit denen sie einen vernichtenden Atomkrieg führen könnten.

(2) Warum ist das so?

Weil viele Länder sich vor anderen Ländern schützen wollen und auf Abschreckung durch Stärke setzen.

(3) Warum ist das so?

Weil es keine weltweite Strategie gibt, wie der Abbau von Atomwaffen und gleichzeitig der Schutz vor Aggressionen anderer Staaten realisiert werden kann.

(4) Warum ist das so?

Weil es keine Welt-Institution gibt, die die Kompetenz und Macht hat, eine solche Strategie zu entwickeln und durchzusetzen.

Wie wichtig ist das Thema?

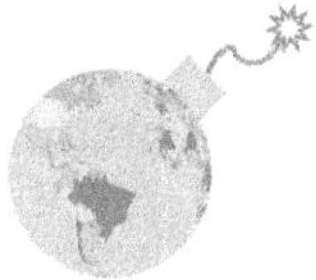

Sowohl durch die friedliche als auch durch die militärische Nutzung von Atomenergie entstehen Risiken, die von der Menschheit (derzeit) noch nicht beherrscht werden.

Fehler einzelner Personen, die mit der Kernenergie umgehen, können sich fatal auswirken (wie Tschernobyl gezeigt hat) und im Extremfall große Teile der Menschheit schädigen oder sogar ausrotten.

Wie dringend ist die Lösung des Problems?

Dadurch, dass jeden Tag viele tausend Menschen mit Kernenergie umgehen (müssen), besteht unabhängig vom militärischen Einsatz der Kernenergie das Risiko eines Supergaus in jeder Stunde eines jeden Tags und das ausgehend von 40 Ländern auf der ganzen Welt. Das Problem könnte daher nicht dringender sein.

Wie hoch ist die Wahrscheinlichkeit, dass das Problem auch ohne eine machtvolle Welt-Institution gelöst wird?

Im Moment gibt es keinerlei Anzeichen, dass die friedliche Nutzung der Kernenergie beendet wird, im Gegenteil:

Viele Staaten bauen neue Kernkraftwerke ohne sichere Endlager zu haben. Gleiches gilt für Atomwaffen. Ein Rückbau ist in keinem Land geplant. Ohne den Druck einer machtvollen Welt-Institution wird sich daher nichts ändern.

Welche Folgen sind zu erwarten, wenn die Problematik nicht gelöst wird?

Erneute Störfälle bis zum Super-Gau durch menschliches oder technisches Versagen, Terrorakte oder Naturkatastrophen können jederzeit auftreten. Dieses Risiko steigt mit der Anzahl der Kernkraftwerke, die neu in Betrieb genommen werden. Besonders besorgniserregend ist, dass wir den kommenden Generationen der Menschheit eine eigentlich unzumutbare Hypothek aufbürden, da wir Kernkraftwerke betreiben, ohne dass die Frage der Entsorgung der radioaktiven Abfälle gelöst ist.

Für die sichere und dauerhafte Endlagerung der Brennstäbe ist weder in Deutschland noch in einem anderen Land gesorgt.

Nicht ganz von der Hand zu weisen ist auch das Risiko, dass ein unbeherrschter Regierungschef in einer Affekthandlung einen atomaren Erstschlag auslöst. Wenn man betrachtet, wie unkontrolliert und unbeherrscht Donald Trump in seiner zweiten Amtszeit handelt, kann einem Angst und Bange werden.

Was würde sich konkret verbessern, wenn sich eine machtvolle Welt-Institution des Themas annehmen würde?

Es ist ja nicht so, dass die Welt auf die Nutzung der Kernenergie als Energiequelle unbedingt angewiesen ist. Einige Länder zeigen bereits jetzt schon, dass eine Reduzierung möglich ist. Entscheidend ist der politische Wille, eine Veränderung herbeizuführen und hier sind in vielen Ländern Unternehmen und Interessenverbände mächtiger als die Regierungen.

Daher könnte nur eine über allen Staaten stehende, unabhängige und machtvolle Institution durch ihre Experten einen Plan zum stufenweisen weltweiten Ausstieg aus der friedlichen Kernenergie erarbeiten lassen. Gleichzeitig würde sie planen, wie die Kernenergie ersetzt werden kann. Hier gibt es bereits jetzt viele erfolgversprechende Ansätze (teilweise durch regenerative Energien und teilweise durch neue Konzepte zur Energieeinsparung). Dadurch würde die Welt langfristig davor bewahrt werden, dass durch einen oder mehrere "Super-Gaus" große Gebiete oder ganze Länder verstrahlt und damit unbewohnbar werden und viele Menschen sterben oder an den Folgen einer Verstrahlung ihr Leben lang leiden müssen.

Gleiches gilt für die Nutzung der Kernenergie in Form von Atomwaffen. Auch hier gibt es vernünftige Ansätze, die aber daran scheitern, dass einzelne Staaten nicht "mitspielen". Eine machtvolle Welt-Institution würde Atomwaffen konsequent ächten. Das heißt, sie würde alle derzeitigen Atommächte verpflichten, mittelfristig ihre Atomwaffen Zug um Zug abzubauen.

Welche Zielkonflikte gibt es?

Alle Maßnahmen, die ein Welt-Globalisierungsrat durchführen würde, um das Ziel zu erreichen, weltweit die atomare Bedrohung abzuwenden, hätten (leider) zwangsläufig Einfluss auf andere Ziele:

Vorgaben zur Reduzierung der Atomwaffen könnten dazu führen, dass sich einige Länder dadurch gezwungen sehen, mehr andere Waffensysteme (z.B. auf Basis der Robotik und KI) zu produzieren, um einen Ausgleich zu schaffen. Dem Ziel einer friedlicheren Welt wäre man dann kaum nähergekommen.

Vorgaben zur Reduzierung der Atomkraftwerke könnten dazu führen, dass wieder mehr auf fossile Energie durch Kohleabbau zurückgegriffen wird. Das Ziel der CO_2-Reduzierung wäre dadurch kaum mehr zu erreichen.

Auch daran sieht man, dass solche grundsätzlichen Weichenstellungen mit Bedacht und vor allem global abgestimmt erfolgen müssen. Wenn nur einzelne Länder den erforderlichen Paradigmenwechsel durchführen, kommt es schnell zu Ungleichgewichten und neuen Problemen.

Vision 3:
Wir schaffen es, die Ressourcen der Erde gerechter zu verteilen

Die Erde besteht aus den unterschiedlichsten Bestandteilen und Vegetationsgebieten und diese sind nicht gleichmäßig über die sie verteilt. Es gibt einzelne Länder, die über schier unerschöpfliche Ressourcen verfügen (fruchtbare Böden, Erdöl, Edelmetalle, Erze, Erdgas, Wasser, Wälder oder Ähnliches) und Länder, die so etwas gar nicht oder nur in geringem Umfang besitzen. Auch werden die für die Menschheit überlebenswichtigen Ressourcen der Erde - wie sauberes Wasser und fruchtbare Böden - immer mehr von den reichen Nationen und von Privatunternehmen ausgebeutet.

Andererseits können die rund 8,5 Milliarden Menschen, die derzeit auf der Erde leben, nicht so verteilt werden, dass alle einen gleich günstigen Zugang zu den Ressourcen haben.

Das bedeutet, dass die Menschen - je nachdem, ob sie in einem ressourcenreichen oder einem ressourcenarmen Land geboren werden - entweder gut leben können oder ständig um ihre Existenz kämpfen müssen. Ausnahmen gibt es in einigen Ländern, die zwar reich an Bodenschätzen sind, dieser Reichtum aber der Bevölkerung durch Missmanagement und Korruption vorenthalten wird.

Arme Länder werden "Entwicklungsländer" genannt und erhalten von den reichen Ländern finanzielle und sonstige Unterstützung ("Entwicklungshilfe"). Diese Zahlungen sind aber höchst umstritten. Die Ökonomin Dambisa Moyo aus Sambia hat in ihrem Buch "Dead Aid"[41] bedrückende Fakten dargelegt:

"Die Entwicklungshilfe für Afrika ist nicht Teil der Lösung sondern Teil des Problems. Im Ergebnis führt staatliche Entwicklungshilfe in Afrika u.a. zu Korruption und politischer Abhängigkeit."
(Zitat Ende)

---

[41] Quelle: Huffpost vom 10.04.2015 (https://www.huffingtonpost.de/hans-durrer/dead-aid-warum-entwicklun_b_6580942.html)

Zu einem ähnlichen Ergebnis kommt der Afrika-Kenner und ehemalige Diplomat Volker Seitz[42]:

"Zwischen 1960 und 2006 sind bis zu 2,3 Billionen US-Dollar nach Afrika südlich der Sahara geflossen, ohne eine erkennbare Verbesserung der Lebensumstände bewirkt zu haben." (Zitat Ende)

Die Zahlungen der westlichen Welt können daher nicht einmal ansatzweise das Grundsatzproblem der ungleichen Ressourcenverteilung lösen. Bezeichnend ist auch, dass für die weltweite Entwicklungshilfe in Relation zur militärischen Rüstung sehr wenig ausgegeben wird.

Im Jahr 2024 beliefen sich die weltweiten Verteidigungsausgaben auf über 2,7 Billionen US-Dollar. Für Entwicklungshilfe wurden im Jahr 2022 nur rund 200 Milliarden US-Dollar bereitgestellt, also weniger als 10% der Rüstungsausgaben.

Ich glaube, dass viele Menschen schon erkannt haben, dass der bisherige länderbezogene Umgang mit den Ressourcen der Erde nicht gerecht ist, nicht mehr funktioniert und dass endlich global gedacht werden muss. Je früher die gesamte Menschheit das akzeptiert, umso größer ist die Chance auf eine Lösung.

Die Landesgrenzen, wie wir sie heute kennen, wurden teilweise schon vor Jahrtausenden - meist nach Kriegen und Eroberungen - festgelegt, d.h. der Stärkste konnte sich das beste Land heraussuchen. Kaum ein Land wird heute bereit sein, Teile seines Gebietes – noch dazu die mit wertvollen Bodenschätzen – abzugeben. Die Idee, dafür einen Ausgleich zu schaffen, ist daher richtig.

---

[42] Quelle: Rosenheim 24de vom 14.10.2015 (https://www.rosenheim24.de/rosenheim/rosenheim-stadt/rosenheim-ort43270/botschafter-ad-volker-seitz-ueber-versagen-deutschen-entwicklungshilfe-afrika-5645794.html)

Kritisch ist nur die Art der Umsetzung. "Entwicklungshilfe" ist keine Lösung, sondern verschleiert nur den Blick auf das eigentliche Problem.

Menschen, die global denken, kommen schnell auf die wohl einzige gerechte Lösung: Alle größeren Ressourcen der Erde (fruchtbare Böden, Erdöl, Edelmetalle, Erze, Erdgas, Wasser, Wälder usw.) sollten als Gesamteigentum der Menschheit betrachtet werden.

Übrigens:

Dass solche großen Veränderungen funktionieren können, hat uns Deutschland gezeigt, als mit der "Weimarer Verfassung" im Jahr 1919 alle seit Jahrhunderten bestehenden Privilegien des Adels aufgehoben wurden.

Eine gerechte Lösung wäre es, wenn die Kosten für den gezielten Abbau der Ressourcen alle Länder gemeinschaftlich übernehmen und auch die Gewinne allen Ländern gleichermaßen zugutekommen würden. Das ist natürlich ein sehr hoher logistischer Aufwand, aber die einzige Möglichkeit, um gigantische Flüchtlingsströme - die ansonsten unweigerlich kommen werden - und Kriege um das Wasser und andere lebenswichtige Ressourcen zu vermeiden.

Auch wenn ein Land reich an Rohstoffen ist, ist das noch keine Gewähr dafür, dass die Bevölkerung einen entsprechend hohen Lebensstandard genießen kann. Leidvoll muss das z.B. die Bevölkerung der Demokratischen Republik Kongo seit Jahren erleben: Die Rohstoffe werden in den Industrieländern für Hightech-Produkte gebraucht, aber abgebaut werden sie vor Ort von Menschen, die ausgebeutet werden. Darunter auch Kinder. Milizen kontrollieren den Rohstoffhandel und drangsalieren die Menschen.

Auf dem "Index der menschlichen Entwicklung" der UMN liegt das Land weit hinten auf der Liste. Es ist beschämend, wie die Weltgemeinschaft wegschaut[43].

Zum Abschluss dieses Kapitels komme ich wieder zu den brennenden Fragen:

Was sind die Ursachen des Problems? Wie wichtig und wie dringend ist das Thema? Was könnte so etwas wie eine "Weltregierung" im Vergleich zu einzelnen Staaten oder Staatenverbünden besser machen? Was passiert, wenn wir nichts machen und einfach abwarten?

Ich werde versuchen, auf diese komplexen Fragen kurze Antworten zu geben:

Was sind die Ursachen des Problems?

Für die Ursache-Wirkung-Bestimmung nutze ich wieder die „5-Why-Methode" (vgl. Vision 1).

Ausgangspunkt ist das Problem: „Die Menschheit hat es bisher nicht geschafft, die Ressourcen der Erde gerecht zu verteilen".

(1) Warum ist das so?

Weil kaum ein Land freiwillig bereit ist, von seinen natürlichen Ressourcen etwas abzugeben.

(2) Warum ist das so?

Weil sich jedes Land vorrangig für seine Bevölkerung und erst in zweiter Linie für die Weltbevölkerung verantwortlich fühlt.

(3) Warum ist das so?

---

[43] Quelle: SOS-Magazin Ausgabe 3/2019, Seite 12. Internet: sos-kinderdoerfer.de

Weil sich Länder seit jeher voneinander abgrenzen und versuchen, sich in ihrem Hoheitsgebiet optimal zu entwickeln.

(4) Warum ist das so?

Weil die Menschen seit der Steinzeit zu Egoisten „erzogen" wurden. Anfangs war das notwendig, um zu überleben und den Bestand der menschlichen Rasse aufzubauen. Jetzt sind wir aber in einer gänzlich anderen Situation: Die Menschheit hat sich so stark vermehrt, dass Landesgrenzen hinderlich sind und die Ressourcen der Erde allen zugänglich gemacht werden müssen, damit keine Verteilungskriege entstehen.

Wie wichtig ist das Thema?

Es gibt auf der Welt kein Land, in dem die natürlichen Ressourcen der Welt anteilig gerecht vertreten sind. Wir werden daher künftig Kriege um die lebenswichtigen Ressourcen - wie sauberes Wasser, fruchtbares Land und Bodenschätze - erleben. Dann ist nicht mehr nur der arme Teil der Bevölkerung betroffen, sondern wir alle.

Wie dringend ist die Lösung des Problems?

Wenn die Prognose zutrifft, dass auf der Erde bis zum Jahr 2050 zehn Milliarden Menschen leben werden, müssen wir rechtzeitig ganz neue Wege gehen, um agieren zu können bevor wir nur noch reagieren können. Uns bleiben daher noch 20 bis maximal 30 Jahre. Angesichts der Geschwindigkeit, mit der internationale Abkommen geschlossen werden, ist das wirklich "5 vor 12".

Wie hoch ist die Wahrscheinlichkeit, dass das Problem auch ohne eine machtvolle Welt-Institution gelöst wird?

Derzeit rückt keine Regierung erkennbar von der Verfahrensweise ab, die ungleiche Ressourcenverteilung alleine durch Entwicklungshilfe zu lindern und das, obwohl seit vielen Jahren bekannt ist, wie wenig und wie punktuell dieses Vorgehen nur wirkt. Ohne eine kompetente, machtvolle und unabhängige Institution, die die Ressourcen unseres Planeten objektiv erfasst und gerecht verteilt, wird sich daher nichts Grundlegendes verändern.

Welche Folgen sind zu erwarten, wenn die Problematik nicht gelöst wird?

Ich bin nicht der einzige, der der Meinung ist, dass alleine der zu erwartende Wassermangel die Welt in eine tiefe Krise stürzen kann. Der deutsche Autor, Publizist und Pädagoge Dr. Martin R. Textor hat hierzu auf seiner Website folgendes veröffentlicht:

"Die Investmentbank Goldman Sachs sieht in der Wasserkrise eine noch größere Gefahr für die Menschheit als in der Erschöpfung der Erdölquellen und anderer Rohstoffvorkommen.

Laut OECD wird der globale Wasserverbrauch bis 2050 um 55% steigen, insbesondere durch Mehrbedarf im verarbeitenden Gewerbe, bei der thermischen Stromerzeugung und in Privathaushalten. Dieser Bedarf wird mit der Wassernutzung der Landwirt-

schaft konkurrieren, die derzeit 70% der globalen Wasserressour-
cen verbrauche. So müsse vor allem hier Wasser eingespart wer-
den. Im Jahr 2025 werden rund 1,8 Milliarden Menschen und im
Jahr 2050 ca. 2,3 Milliarden Menschen in Gebieten mit extremer
Wasserknappheit leben[44]*. (Auszug Ende)*

Was würde sich konkret verbessern, wenn sich eine machtvolle Welt-Institution des Themas annehmen würde?

Dass die Ressourcen der Erde nicht gerecht verteilt sind, weiß jeder Regierungschef. Eine konsequente Umverteilung scheitert aber daran, dass dies bereits seit Urzeiten so ist und keiner es wagt, das Problem grundsätzlich anzugehen.

Jedes wohlhabende Land setzt nur auf das Feigenblatt " Entwicklungshilfe".

Daher könnte auch nur eine machtvolle Welt-Institution sicherstellen, dass der Ertrag aus allen grundlegenden Ressourcen der Erde künftig möglichst gleichmäßig allen Menschen auf der Welt zugutekommt.

Dadurch würde der in der Allgemeinen Erklärung der Menschenrechte[45] (UN-Charta) verbriefte Artikel 1 (*Alle Menschen sind frei und gleich an Würde und Rechten geboren...*) endlich mit Leben erfüllt werden. Alle Menschen hätten dann eine realistische Chance auf ein lebenswertes Leben, unabhängig davon, in welchem Land und unter welchen Bedingungen sie geboren werden.

---

[44] Quelle: http://www.zukunftsentwicklungen.de/welt.html

[45] Quelle: UN-Charta (http://www.un.org/depts/german/menschenrechte/a-emr.pdf)

Einige Länder, die derzeit reich mit Ressourcen gesegnet sind, würden sich natürlich dagegen wehren, Teile ihres Reichtums abzugeben.

Die Institution müsste daher eine Strategie erarbeiten, um dem entgegenzuwirken. Das hehre Ziel, mehr Gerechtigkeit auf der Welt herzustellen, darf natürlich nicht zu kriegerischen Auseinandersetzungen führen, das wäre kontraproduktiv. Die Umverteilung muss daher maßvoll und mit Bedacht erfolgen. Wenn die Probleme der Welt weiterhin so zunehmen, werden viele Staaten hoffentlich von sich aus erkennen, dass wir alle in einem Boot sitzen und uns gegenseitig unterstützen müssen. Eine solch grundlegende Veränderung könnte natürlich nicht innerhalb von wenigen Jahren erfolgen, hier muss man in Jahrzehnten denken und allen vor Augen führen, dass es um nicht weniger als eine neue Weltordnung geht… Aber wie gesagt, die Zeit drängt, deshalb müssen wir <u>jetzt</u> anfangen umzudenken.

Welche Zielkonflikte gibt es?

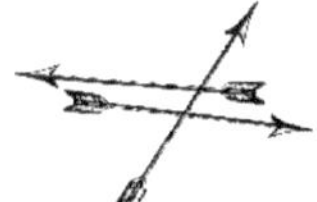

Alle Maßnahmen, die ein Welt-Globalisierungsrat durchführen würde, um das Ziel zu erreichen, die Ressourcen der Erde gerechter zu verteilen, hätten (leider) zwangsläufig Einfluss auf andere Ziele:

Das Wirtschaftswachstum in den Ländern, die derzeit reich an Ressourcen sind, würde deutlich abnehmen, da sie künftig ihren Reichtum mit vielen anderen Ländern teilen müssten.

Global gesehen wäre es nur eine überfällige und gerechte neue Verteilung, da sich dafür andere Länder besser entwickeln würden, aber das würden die Menschen in den "Geberländern" natürlich zunächst anders sehen.

Dass es grundsätzlich möglich ist, zeigt z.B. der Länder-Finanzausgleich in Deutschland, wo auch seit Jahrzehnten die "reichen" Länder wie Bayern und Baden-Württemberg andere benachteiligte Länder wie Berlin und Sachsen regelmäßig in nennenswerter Höhe finanziell unterstützen[46].

Auch daran sieht man, dass solche grundsätzlichen Weichenstellungen mit Bedacht und vor allem global abgestimmt erfolgen müssen.

Wenn der Boden für eine neue globale Sichtweise noch nicht bereitet ist, können solche Vorstöße schnell zu neuen Problemen und sogar Kriegen führen. Dies müsste und würde ein Welt-Globalisierungsrat unbedingt berücksichtigen (vgl. Teil 3 "Wie die Lösung aussehen könnte").

---

[46] Quelle: BMF (https://www.bundesfinanzministerium.de/Web/DE/Themen/Oeffentliche_Finanzen/Foederale_Finanzbeziehungen/Laenderfinanzausgleich/laenderfinanzausgleich.html)

Vision 4:
Wir schaffen es, wieder gesunde Lebensmittel im Einklang mit der Natur zu produzieren

Das Problem der wachsenden Weltbevölkerung und der begrenzten Anbaugebiete hat dazu geführt, dass die normale, seit Jahrtausenden übliche Landwirtschaft überwiegend durch "moderne" Formen wie Massentierhaltung und Monokulturen ersetzt wurde. Das mag gut gemeint gewesen sein, schlug aber schnell ins Gegenteil um:

Der Chemieeinsatz bei Mast und Düngung nahm drastisch zu. In den gigantischen Tierfabriken werden Antibiotika bereits dann an alle Tiere verabreicht, wenn nur wenige erkrankt sind oder sogar rein prophylaktisch. Die Haltungsbedingungen sind zum Teil erschütternd schlecht. Regelmäßig erfährt man durch die Presse von Großbetrieben, insbesondere in der Schweinemast, bei denen tierverachtende und abstoßende Zustände aufgedeckt wurden. Das bleibt nicht ohne Auswirkungen auf die Qualität unserer Lebensmittel[47]:

"Der Einsatz von Antibiotika in der Tiermast ist nach wie vor ein Riesenproblem. Auch wenn wir von der Arznei selbst in unseren Lebensmitteln kaum noch etwas abbekommen, ist der umfangreiche Einsatz dennoch folgenreich: Es entstehen immer mehr Resistenzen gegen Antibiotika. Insofern entwickeln sich mehr und mehr Keime, die wir nicht mehr bekämpfen können. Und diese Keime finden sich zuhauf auf der Oberfläche unseres Fleisches. Das haben unzählige unabhängige Prüfungen immer wieder gezeigt. Das größere Problem für den Verbraucher ist nicht, dass er durch mit Antibiotika belastete Lebensmittel in seinem eigenen Verdauungstrakt Resistenzen züchtet, sondern, dass er sich die bereits resistent gewordenen Keime über Lebensmittel in seine Küche holt. Zusätzlich führen „Krankenhauskeime" jährlich zu tausenden Infektionen und Todesfällen.

---

[47] Quelle: www.t-online.de › Gesundheit › Ernährung (https://www.t-online.de/gesundheit/ernaehrung/id_81756480/antibiotika-im-fleisch-wie-schlimm-ist-es-wirklich-.html)

Die Verbreitung von multiresistenten Bakterien stellt vor allem für Kliniken eine Gefahr dar, denn die schwer beherrschbaren Bakterien sind ein Risiko für Menschen mit geschwächtem oder noch nicht ausgereiftem Immunsystem." (Zitat Ende)

Für pflanzliche Produkte gilt Ähnliches. In Monokulturen werden in hohem Maße Pestizide eingesetzt. Diese beeinflussen das Gleichgewicht der Natur. Das Insektensterben nimmt immer mehr zu. Laut einer Studie ist die Gesamtmasse der Insekten in den letzten 27 Jahren um 75% zurückgegangen[48].

Die Weltkonferenz zur Biodiversität in Paris (April 2019) hat mit einem dramatischen Appell zum Artenschutz begonnen. Die Zerstörung der Artenvielfalt bedrohe den Menschen "mindestens genauso" wie der Klimawandel, sagte der Präsident des Weltbiodiversitätsrats der UNO (IPBES), Robert Watson[49].

Die Auswirkungen all dieser Entwicklungen für den Menschen sind fatal. Wenn die Probleme weiterhin so eskalieren, wird sich die Menschheit ganz ohne Kriege selbst fast ausrotten, so – überspitzt - das Forschungsergebnis der Berliner Charité[50]:

"Wenn sich beim Einsatz von Antibiotika und in der Hygiene nichts ändert, wird sich die Zahl der Toten durch multiresistente Keime wohl drastisch erhöhen. In der Untersuchung warnt Elisabeth Meyer vom Institut für Hygiene und Umweltmedizin der Charité,

---

[48] Quelle: NABU Baden-Württemberg News Oktober 2017 (https://baden-wuerttemberg.nabu.de/news/2017/oktober/23297.html)

[49] Quelle: Zeit.online (https://www.zeit.de/wissen/2019-04/biodiversitaet-artenvielfalt-artenschutz-konferenz-paris-klimawandel-weltbiodiversitaetsrat)

[50] Studie im Auftrag der Bundestagsfraktion Bündnis 90/Die Grünen PD von Dr. Elisabeth Meyer, Charité Berlin (https://www.gruene-bundestag.de/fileadmin/media/gruenebundestag_de/themen_az/agrar/Studie-Antibiotika-und-Resistenzen.pdf)

dass sich die Zahl der weltweiten Todesopfer von derzeit etwa 700.000 jährlich im Jahr 2050 auf zehn Millionen erhöhen könnte. Für Europa würde dies einen Anstieg von jetzt etwa 23.000 auf 400.000 Tote bedeuten. Damit würden dann mehr Menschen an multiresistenten Keimen sterben als an Krebs." (Zitat Ende)

Die Pharmaindustrie hat u.a. die Aufgabe, Medikamente zu entwickeln, die für die Landwirtschaft benötigt werden und gefahrlos für Mensch und Tier eingesetzt werden können. Die Regierungen haben die Aufgabe, durch Qualitätsstandards und Kontrollen sicherzustellen, dass die angebotenen Medikamente wirksam und gut verträglich sind. Die Landwirte müssen die Medikamente sinnvoll und wohldosiert einsetzen. Die erreichten Ergebnisse sind aber höchst zweifelhaft. Im Vordergrund standen und stehen nicht gesundheitliche, sondern wirtschaftliche Interessen. Gewinnmaximierung war und ist das Ziel.

Hinzu kommt, dass manche marktbeherrschende Konzerne den Markt mit ungesunden Lebensmitteln überschwemmen und dabei absolut gewissenlos agieren. Mittlerweile gibt es ganze Länder (z.B. USA und England) in denen die Fettleibigkeit mit gravierenden Folgen (Diabetes II...) zur Volkskrankheit wurde.
Die lokale Politik ist hier nahezu machtlos, schließlich haben wir einen freien Markt...

Ein aktuelles Beispiel: In Brasilien steigt seit kurzem ein Nahrungsmittelmulti ganz groß in den Markt von Bevölkerungsschichten ein, die zwar arm aber noch nicht bettelarm sind. Um ihnen die "Segnungen" ihrer wohl schmackhaften aber extrem dick machenden Markenprodukte zu ermöglichen, haben sie Minipackungen erfunden, die nicht viel kosten aber – neben dem Verpackungsmüll – maximalen Schaden für die Gesundheit anrichten.

Auch Brasilien wird dadurch bald auf der traurigen Liste der Länder stehen, bei denen Fettleibigkeit eine Volkskrankheit ist. Und das alles nur wegen der Gewinnmaximierung! Sehr traurig!

Auf der Erde gibt es nach Meinung vieler Experten genügend Lebensmittel für alle Menschen, nur die Verteilung funktioniert nicht.

Man müsste auch sicherstellen, dass nicht in einzelnen Gebieten Lebensmittel überproduziert und vernichtet werden, während in anderen Gebieten Lebensmittel fehlen. Die gerechte Verteilung der Lebensmittel, die auf der Erde erwirtschaftet werden, ist logistisch eine enorme Herausforderung und ohne zentrale Koordination und Entscheidungen nicht durchführbar.

Das ist also wieder eine Aufgabe, die nur von einer kompetenten, unabhängigen und machtvollen Institution leistbar wäre.

Ein ganz neues gesundheitliches Problem entsteht aus unserem gedankenlosen Umgang mit Plastik: An die Umweltverschmutzung durch achtlos weggeworfenes Plastik haben wir uns in vielen Ländern schon gewöhnt. Aber jetzt kommt eine erschreckende neue Dimension dazu:

"Drei von vier Fischen aus mittleren Tiefen des Atlantiks haben Mikroplastik im Magen, wie neue Analysen enthüllen. In den Fischbäuchen fanden die Wissenschaftler dabei vor allem Plastikfasern aus Funktionstextilien."[51] (Zitat Ende)

Wenn man das Problem der Weltgesundheit lösen will, muss man globale Lösungen suchen.

Eine auf der Hand liegende Idee wäre, Massentierhaltung und Monokulturen drastisch zu reduzieren und mittelfristig zu verbieten. Ich glaube aber nicht, dass Verbote eine Lösung wären, denn

---

[51] Quelle: Wissenschaftsmagazin scinexx.de vom 06.06.2018 (www.scinexx.de/wissen-aktuell-22432-2018-02-19.html)

Verbote führen erfahrungsgemäß immer zu Widerständen und Umgehungsaktionen.

Vielleicht wäre es besser, vom Ergebnis her zu denken und die Macht des Marktes zu nutzen: Jedes Nahrungsmittel, das auf dem Weltmarkt eine große Rolle spielt, wird von einer unabhängigen Kommission getestet und bewertet.

Die Hersteller müssten dann weltweit verpflichtet werden, diese Bewertungen als für alle Verbraucher verständlich und sofort ersichtliche Kennzeichnung auf den Lebensmitteln zu übernehmen. Als flankierende Maßnahme wäre es sinnvoll, dass die Mehrwertsteuersätze anzupassen: Ein hoher Steuersatz für "ungesunde" Produkte und ein niedriger Steuersatz für "gesunde" Produkte.

Viele Leserinnen und Leser werden erkannt haben, dass diese Idee nicht neu ist. In ähnlicher Weise wurde sie in den Jahren 2008-2010 entwickelt. Aber die mächtige Lebensmittelwirtschaft verhinderte eine verpflichtende EU-weite Ampelkennzeichnung. Ärzteverbände, Krankenkassen und Verbraucherorganisationen hatten damals die Umsetzung des Modells der britischen FSA gefordert:

Für jedes Produkt sollte der Gehalt an Fett, Zucker und Salz in absoluten Grammzahlen angegeben werden – und zwar einheitlich pro 100 Gramm bzw. 100 Milliliter.

Jeder dieser drei Werte sollte mit einer der bekannten Signalfarben Rot, Gelb und Grün hinterlegt werden. Seither haben nur Frankreich und Großbritannien diese Ampel auf freiwilliger Basis eingeführt.

Ideal wäre, wenn man in die Ampel auch noch die Art der Erzeugung der Lebensmittel aufnehmen würde. Ich bin überzeugt, dass dann der Verbrauch der mit rot gekennzeichneten Lebensmittel mittelfristig deutlich zurückgehen würde.

Darauf würden die Hersteller mit veränderten Produktionsprozessen reagieren, d.h. Massentierhaltung, Monokulturen und der Einsatz von Pestiziden würden automatisch abnehmen.

Auch wenn das ein wenig stur klingen mag, aber ich finde, wir sollten alle dafür kämpfen, so eine oder eine ähnliche gute Idee durchzusetzen. Auch gegen den Widerstand der mächtigen Lebensmittelwirtschaft! Schließlich geht es um unsere Gesundheit!

Der große deutsche Lebensmittel-Discounter LIDL geht übrigens seit Jahren einen sehr interessanten Weg: Offenbar initiiert von Greenpeace führte er im April 2018 einen vierstufigen Haltungskompass für Schweine-, Rind- und Geflügelfleisch ein. Kategorie 1 entspricht dem gesetzlichen Mindeststandard, Stufe 2 gewährt den Tieren etwas mehr Platz und Beschäftigungsmaterial, Stufe 3 beinhaltet Zugang zu frischer Luft und gentechnikfreies Futter und Stufe 4 garantiert die konventionelle Premiumstufe des Deutschen Tierschutzbundes sowie den Bio-Standard. LIDL will es aber nicht nur beim Label belassen, sondern Fleisch der niedrigsten Kategorie langfristig komplett aussortieren[52].

Das ist eine sehr gute Idee und ich hoffe, dass viele Verbraucher künftig weniger Fleisch aber dafür aus einer höheren Kategorie kaufen werden.

Mittlerweile gibt es nicht nur bei LIDL sondern auch bei anderen Anbietern bei vielen Produkten einen „Haltungskompass", aber Tierschutzverbände kritisieren oft, dass die unteren Stufen (Stufe 1 und 2) immer noch weit von einer artgerechten Haltung entfernt seien. Die Kennzeichnung sei zudem freiwillig, und der Großteil des Fleisches stamme weiterhin aus geringeren Haltungsstandards.

---

[52] Quelle: Greenpeace Nachrichten Ausgabe 02/2018

Das ganze Thema "Ernährung" erfordert eine drastische Veränderung, die kein Land im Alleingang machen kann, da bekannter Weise auch der Lebensmittelmarkt global bedient wird.

Und wie die Vergangenheit gezeigt hat, ist die Lebensmittelwirtschaft mächtiger als einzelne Landesregierungen.

Also wieder eine Aufgabe, die nur eine unabhängige und machtvolle Institution schultern könnte.

Mancher Leser wird jetzt sagen: "Aber wir haben doch die Weltgesundheitsorganisation (WHO). Warum kann die sich als "Welt-Institution" nicht um solche Probleme kümmern?"

Prinzipiell stimme ich dem zu. Aber es gibt da einen bzw. mehrere Haken: Die WHO ist zwar die Koordinationsbehörde der UN für das internationale öffentliche Gesundheitswesen, aber sie hat viel zu wenig Geld, um sich um alle drängenden gesundheitlichen Probleme der Menschheit zu kümmern. Ihr Budget beträgt aktuell rund 2,2 Milliarden US-Dollar pro Jahr[53]. Das ist ein im Vergleich lächerlich geringer Betrag!

Wenn man liest[54], dass der Freistaat Bayern angekündigt hat, für die Modernisierung einer einzigen Universität (Stadt Erlangen) 1,5 Milliarden Euro investieren zu wollen, kann man nur noch staunen, dass alle Staaten der Erde für die WHO kaum mehr bereitstellen, als ein deutsches Bundesland für eine Uni. Dies ist für die Staatengemeinschaft absolut beschämend.

Auch hat es in der Vergangenheit dazu geführt, dass die WHO mehr und mehr auf Gelder aus der Wirtschaft angewiesen ist mit all den negativen Folgen....

---

[53] Quelle: Website der WHO (http://www.who.int/about/finances-accountability/budget/en/)

[54] Quelle: Nürnberger Nachrichten, Ausgabe vom 04.07.2018, Artikel "Geldsegen für die Uni in Erlangen"

Zu tun gäbe es genug: Mehr als die Hälfte aller Menschen weltweit können nicht zum Arzt oder in ein Gesundheitszentrum gehen, wenn sie krank sind – weil die Entfernung zu weit ist oder weil es zu teuer ist[55].

Um gesunde Lebensmittel zu produzieren brauchen wir aber auch einen gesunden Boden. Und hier liegt ein weiteres Problem[56]:

„Der zunehmenden Urbanisierung werden in Zukunft weltweit etwa 300.000 Quadratkilometer besonders wertvolles Ackerland zum Opfer fallen. Wie Prognosen von Forschern zeigen, schwinden dabei ausgerechnet jene Flächen, die fast doppelt so fruchtbar sind wie der globale Durchschnitt. Besonders die rasant wachsenden Regionen in Asien und Afrika werden unter dieser Entwicklung leiden. Wissenschaftler haben berechnet, wie viel fruchtbare Fläche in Zukunft durch die weitere Ausdehnung von Städten verloren gehen wird. Das Ergebnis: Durch die rasante Expansion der Städte werden bis zum Jahr 2030 weltweit etwa 300.000 Quadratkilometer von besonders fruchtbarem Ackerland verloren gehen. Die globale Urbanisierung wird sich demnach ausgerechnet auf einer landwirtschaftlichen Fläche vollziehen, die fast doppelt so fruchtbar ist wie der weltweite Durchschnitt.
Besonders stark trifft die Entwicklung Asien. China wird bis 2030 knapp 80.000 Quadratkilometer Ackerland verlieren.
Ein weiterer Leidtragender der zunehmenden Verstädterung wird Afrika sein, der Kontinent mit den weltweit höchsten Urbanisierungsraten.

---

[55] Quelle: Zeitschrift "Weltsichten", Ausgabe 5 aus 2018, Artikel "Eine muss den Hut aufhaben"

[56] Quelle: scinexx – das Wissensmagazin (https://www.scinexx.de/news/geowissen/verstaedterung-verschlingt-wertvolles-ackerland/)

Auch in Ägypten schlägt die Urbanisierung den Forschern zufolge besonders zu Buche: Das Land könnte bis 2030 gut ein Drittel seines Ackerlandes verlieren.

Angesichts dieser Prognosen sehen die Forscher nun die Regierungen in der Verantwortung: „Politische Entscheider auf kommunaler Ebene sind jetzt am Zug: Stadtplanung ist inzwischen zur Weltpolitik geworden". (Ende des Auszugs)

Zum Abschluss dieses Kapitels komme ich wiederum zu den brennenden Fragen:

Was sind die Ursachen der Probleme? Wie wichtig und wie dringend ist das Thema? Was könnte so etwas wie eine "Weltregierung" im Vergleich zu einzelnen Staaten oder Staatenverbünden besser machen? Was passiert, wenn wir nichts machen und einfach abwarten?

Ich werde erneut versuchen, auf diese komplexen Fragen kurze Antworten zu geben:

Was sind die Ursachen der Probleme?

Für die Ursache-Wirkung-Bestimmung nutze ich wieder die „5-Why-Methode" (vgl. Vision 1).

Ausgangspunkt ist das Problem: „Die Menschheit hat es verlernt, gesunde Lebensmittel im Einklang mit der Natur zu produzieren".

(1) Warum ist das so?

Weil sich in der Landwirtschaft „moderne" Formen wie Massentierhaltung und Monokulturen mit all den negativen Folgen durchgesetzt haben.

(2) Warum ist das so?

Weil der Nahrungsmittelbedarf der ständig wachsenden Weltbevölkerung scheinbar die Begründung dafür liefert: Lebensmittel müssen möglichst billig in möglichst großen Mengen produziert werden.

(3) Warum ist das so?
Einerseits weil die Lebensmittelindustrie ihren Gewinn im Fokus hat und nicht die Ernährung der Bevölkerung mit möglichst gesunden Produkten. Andererseits weil viele Verbraucher die billigsten - und nicht die preiswertesten - Produkte kaufen und so diese Entwicklung unterstützen und fördern.

(4) Warum ist das so?
Weil viele Regierungen – und auch die EU und UN - nicht ihre Möglichkeiten nutzen, um eine gesunde Ernährung der Bevölkerung sicherzustellen, z.B. durch sinnvolle Subventionen und entsprechende gezielte Besteuerung.

Wie wichtig ist das Thema?

Die Gesundheit der Weltbevölkerung wird durch extrem dick machende Speisen und Getränke immer mehr beeinträchtigt, ganze Länder leiter heute schon unter der Fettleibigkeit eines großen Teils ihrer Bewohner.
Die steigende Resistenz der Keime gegen Antibiotika könnte früher oder später dazu führen, dass wir an relativ harmlosen Krankheiten sterben. Derzeit geht es "nur" um den Tod von 700.000 Menschen jährlich, aber bis 2050 erhöht sich diese Zahl nach den Prognosen bis auf 10 Millionen Menschen pro Jahr! Dann ist der Schritt zur Selbstausrottung der Menschheit nicht mehr groß.

Wie dringend ist die Lösung des Problems?

Dadurch, dass jeden Tag Menschen leiden und sterben, ist das Problem extrem dringend. Es werden zwar in vielen Ländern bereits Anstrengungen unternommen um gegenzusteuern, aber die Erfolge bleiben aus, da die Gesamtstrategie fehlt bzw. nicht umgesetzt wird. Nur eine unabhängige und machtvolle Institution könnte weltweite Gesundheitsstandards aufstellen, durchsetzen und die Forschung weltweit bündeln. Sicher, es gibt die Weltgesundheitsorganisation WHO, aber die kann alleine aufgrund ihrer Finanzierung nicht als unabhängig bezeichnet werden.

Nicht nur Transparency International kritisiert die viel zu geringen Pflichtbeiträge der Staaten an die WHO. Dadurch sei ab 2001 die WHO in die Arme der Industrie getrieben worden[57].

Wie hoch ist die Wahrscheinlichkeit, dass das Problem auch ohne eine machtvolle Welt-Institution gelöst wird?

Es wird immer Regierungen einzelner Länder geben, die das Problem falsch einschätzen oder die politischen Konsequenzen scheuen.

---

[57] Quelle: Wikipedia WHO Finanzierung (https://de.wikipedia.org/wiki/Weltgesundheitsorganisation#Kritik

Die bei der Bevölkerung erforderliche Bewusstseinsveränderung hinsichtlich der Ernährung und der Paradigmenwechsel hinsichtlich der Kennzeichnung von Lebensmitteln weltweit wird nicht ohne immensen Widerstand der weltweit agierenden und mächtigen Lebensmittelkonzerne erfolgen können.

Im Kleinen gibt es gottseidank schon viele Schritte in die richtige Richtung. Zum Beispiel die "Ethischen Leitlinien für eine nachhaltige Landwirtschaft", die von der Evangelischen Kirche bereits im Jahr 2013 beschlossen wurden (die beiden großen Volkskirchen zählen zu den größten Grundbesitzern in Deutschland), aber dies als Gesamtaufgabe der Menschheit durchzusetzen, wird nur eine unabhängige, machtvolle Welt-Institution schaffen.

Ähnlich ist es mit der Kennzeichnung von gesunden und ungesunden Lebensmitteln. Seit vielen Jahren diskutiert man in vielen Ländern auf der ganzen Welt darüber, dass die Regierungen die Verbraucher dabei unterstützen müssten, sich gesund zu ernähren.

Erst jetzt ist ein kleiner Fortschritt erkennbar:

Der „Nutri-Score" ist ein System zur Nährwertkennzeichnung von Lebensmitteln. Eine fünfstufige Farb- und Buchstabenskala soll einen Überblick über die Nährwertqualität eines Produktes liefern. Es soll insbesondere die Unterscheidung ähnlicher Lebensmittel innerhalb einer Produktgruppe erleichtern. Das System wurde im Jahr 2017 von den französischen Gesundheitsbehörden ins Leben gerufen. Die wissenschaftliche Grundlage lieferten Ernährungswissenschaftler aus Großbritannien und Frankreich.

In Deutschland haben sich unter anderem Bofrost, Danone, Iglo, McCain und Mestemacher freiwillig verpflichtet, den Nutri-Score auf ihren Verpackungen einzuführen. Am 9. Oktober 2020 stimmte der Bundesrat einer freiwilligen Nutzung des Nutri-Scores zu[58].

Freiwillig! Das heißt, der Verbraucher ist wieder darauf angewiesen, dass die Hersteller ihre Produkte selbst kennzeichnen. Und welcher Hersteller kennzeichnet denn schon freiwillig seine gesundheitsschädlichen Lebensmittel?!

Welche Folgen sind zu erwarten, wenn die Problematik nicht gelöst wird?

Das Zukunftsszenario fällt leider sehr düster aus: Beim Thema "Lebensmittel zur Welternährung" kommen verschiedene Faktoren zusammen und ergänzen sich negativ:

Auf der einen Seite die Zunahme der Weltbevölkerung, die immer stärker werdenden Folgen des Klimawandels für die Landwirtschaft, die deutlich steigende Nachfrage nach Fleisch und Milchprodukten in den Schwellenländern (verbunden mit einem immensen Wasserverbrauch).

Auf der anderen Seite die steigenden Lebensmittelpreise für Grundnahrungsmittel, die verstärkte Nutzung von landwirtschaftlichen Flächen für Treibstoffgewinnung, multinationale Konzerne, denen die Gesundheit ihrer Kunden nicht am Herzen liegt und ähnliches.

Es gibt zwar Konzepte, wie dem entgegengewirkt werden kann, aber die Erfahrung zeigt, dass einzelne Länder dieses globale Problem immer mit lokalen und egoistischen Zielen verbinden und dadurch eine Gesamtlösung verhindern.

---

[58] Quelle: Wikipedia Stand September 2021 (https://de.wikipedia.org/wiki/Nutri-Score)

Die Verbraucher können in einzelnen Ländern und zu einzelnen Themen sicher einiges bewirken, sind aber gegen Strategien von multinationalen Konzernen oder Kartellen leider machtlos.

Was würde sich konkret verbessern, wenn sich eine machtvolle Welt-Institution des Themas annehmen würde?

Eine Welt-Institution hätte die Macht, den legitimen gesundheitlichen Interessen der Verbraucher wieder den richtigen Stellenwert zu geben und die rein gewinnmaximierenden Bestrebungen z.B. der Nahrungsmittelindustrie zurückzudrängen.

Sie könnte z.B. zweigleisig verfahren: Einerseits gesundheitlich relevante Standards erhöhen und andererseits die Macht der Verbraucher stärken.

Sicher bliebe es auch künftig jedem einzelnen Menschen überlassen, was er essen und trinken will.

Aber durch mehr Transparenz zu den gesundheitlichen Risiken mancher Lebensmittel und durch weitere Anreize (z.B. über die Besteuerung) würde sich die Nachfrage verändern und die Konzerne müssten mit einer Veränderung ihres Angebots darauf reagieren. Dadurch würde sich die Volksgesundheit weltweit deutlich erhöhen mit all den positiven Folgen wie abnehmenden Krankheitszeiten und -kosten usw.

Nur eine Welt-Institution hätte die Kompetenz und die Macht, um einen grundsätzlichen Paradigmenwechsel bei der Ernährung der Menschheit herbeizuführen.

Welche Zielkonflikte gibt es?

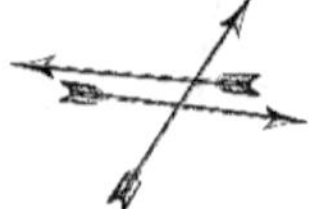

Alle Maßnahmen, die ein Welt-Globalisierungsrat durchführen würde, um das Ziel zu erreichen, dass wir wieder gesunde Lebensmittel im Einklang mit der Natur produzieren, hätten (leider) zwangsläufig Einfluss auf andere Ziele:

Das Verbot von Massentierhaltung und Monokulturen würde dazu führen, dass die Erträge weltweit sinken und die Ernährung der Weltbevölkerung schwieriger wird und zudem die Preise steigen.

Die Einführung gesundheitlich relevanter Standards wie z.B. eine Ampelkennzeichnung aller Lebensmittel könnten dazu führen, dass einige Unternehmen ihre Produkte nicht mehr verkaufen können und mit Personalabbau reagieren.

Eine höhere Besteuerung bestimmter Lebensmittel, wie z.B. Rundfleisch, würde dazu führen, dass sich "Geringverdiener" solche Lebensmittel nicht mehr leisten können usw.

An diesen einfachen Beispielen sieht man, dass solche grundsätzlichen Weichenstellungen mit Bedacht und vor allem global abgestimmt erfolgen müssen.

Wenn nur einzelne Länder den erforderlichen Paradigmenwechsel durchführen, kommt es schnell zu Ungleichgewichten und neuen Problemen.

Vision 5:
Wir schaffen es, weltweit den
Waffeneinsatz und -handel zu beschränken

Diese Forderung erscheint angesichts der aktuellen Kriege in der Ukraine, im Gaza-Streifen und und und absolut unrealistisch.

Und: Seit Beginn der Menschheitsgeschichte gibt es Konflikte. Alles begann angeblich mit einem Brudermord zwischen Kain und Abel…

Mittlerweile haben Kriege und bewaffnete Konflikte aber ganz andere Dimensionen erreicht. Zbigniew Brzeziński, ehemaliger Sicherheitsberater des früheren US-amerikanischen Präsidenten Jimmy Carter, hat die Anzahl der getöteten Kriegsopfer für das 20. Jahrhundert auf 185 Millionen geschätzt.

Die weltweite Rüstungsindustrie produziert alles, womit man effektiv töten kann. Man hat dabei auch kein schlechtes Gewissen, denn Waffen können ja auch zur Verteidigung eingesetzt werden. Als "Milliardengeschäft mit dem Tod" wird der Rüstungswettkampf oft bezeichnet[59].

Neueste Zahlen zeigen, dass der weltweite Waffenhandel blüht wie seit über 30 Jahren nicht mehr. Deutschland spielt leider ganz oben mit, wenn es um Waffenexporte geht.

Alle fünf Jahre misst das Stockholmer Friedensforschungsinstitut „Sipri" die Entwicklung des Waffenhandels[60]:

"Zwischen den Jahren 2012 und 2016 wuchs das Geschäft mit Waffen weltweit um 8,4% im Vergleich zu den fünf Jahren davor. Zu den größten Waffenimporteuren gehören Staaten aus Asien und Nahost. Die Atommacht Indien importierte insgesamt 13% aller Waffen. Saudi-Arabien und Katar folgen. Besonders erschreckend: Saudi-Arabien importiert im Vergleich zu der vorherigen Fünfjahres-Messung des Instituts 212% mehr Waffen.

---

[59] Quelle: Orange by Handelsblatt, Ausgabe vom 21. Februar 2017

[60] Quelle: Welt.de vom 02.05.2018 (https://www.welt.de/politik/ausland/article175987998/Sipri-Weltweit-wird-mehr-fuer-Ruestung-ausgegeben-am-meisten-in-den-USA.html)

Katar toppt das mit unfassbaren 245% Anstieg. Der Nahe Osten, einschließlich der Türkei, hat insgesamt aufgerüstet. Die Staaten der Region kauften in den vergangenen fünf Jahren 86% mehr Waffen, als in der gleichen Zeit zuvor. Wo kommen die Waffen her? Drei von vier kommen aus diesen fünf Staaten: USA, Russland (gemeinsam 56%), China (6,2%), Frankreich (6%) und Deutschland (5,6%). Die USA versorgen weltweit mindestens 100 Länder mit Waffen – deutlich mehr als jeder andere Zulieferstaat, erklärt Aude Fleurant, die Direktorin des Sipri-Waffen- und Militärausgabenprogramms." (Zitat Ende)

Soweit der Stand bis 2016.

Danach hat sich die Entwicklung dramatisch verschlechtert: Der Ukraine-Krieg und erhöhte Bedrohungswahrnehmungen führten zu einem massiven Anstieg der Waffenimporte in Europa (+155 % im Zeitraum 2020–2024 gegenüber 2015–2019).

Jeder Mensch möchte in einer Welt ohne Kriege leben, aber warum boomen dann die Waffenproduktion und der Waffenhandel als Grundlagen für Kriege?

Weil es nicht reicht, dass man mit dem legalen Waffenexport reich wird, suchen und finden weltweit agierende Unternehmen zusätzlich noch weitere Wege, um die restriktiven Exportvorschriften von Ländern wie Deutschland zu umgehen. Das alles ist bekannt durch schockierende Berichte von mutigen Reporterteams, aber auch die deutsche Regierung geht dem nicht nach. Im Gegenteil, Nachfragen kritischer Journalisten werden mit dem Hinweis auf Geheimhaltungspflicht abgewimmelt.

Die riesige Dimension des Problems "Waffenhandel" zeigt sich besonders, wenn man auswertet, welchen Teil ihres Budgets die Regierungen dieser Welt jedes Jahr in Waffen "investieren".

So hoch waren die Verteidigungshaushalte im Jahr 2016[61]:

- *Deutschland: rund 41 Milliarden US-Dollar*
- *USA: rund 611 Milliarden US-Dollar*
- *Alle Staaten der Welt: rund 1,4 Billionen US-Dollar.*

Die Entwicklung bis 2024 ist absolut erschreckend:

- *Deutschland: rund 89 Milliarden US-Dollar*
- *USA: fast 1000 Milliarden US-Dollar*
- *Alle Staaten der Welt: rund 2,7 Billionen US-Dollar.*

Durch die weltweite Verbreitung von Waffen ist jeder Staat in der Lage, andere Staaten zu bedrohen und selbst kleinere Rebellengruppen können sich so aufrüsten, dass sie ihr ganzes Land in Angst und Schrecken versetzen können.

Dadurch müssen viele Menschen ihre Heimat verlassen und Zuflucht in anderen Staaten suchen (siehe die Ausführungen zu Flucht und Vertreibung unter Vision 1).

Warum ist das alles so?

Nahezu jeder Staat geht davon aus, dass er irgendwann von einem anderen Staat bedroht werden könnte und rüstet sich für diesen Fall.

Der Weltfrieden muss in der Tat gesichert werden, da die Menschheitsgeschichte leidvoll gezeigt hat, dass wir Menschen alles andere als friedfertig sind und wir in Europa seit 4 Jahren selbst miterleben, wie schnell ein Krieg durch einen aggressiven Despoten wie Wladimir Putin beginnen kann.

Es ist aber Unsinn, wenn sich jeder gegen jeden maximal bewaffnet. Verteidigungssysteme könnten auch auf einem wesentlich niedrigeren Niveau funktionieren – wenn alle bei der Abrüstung mitspielen würden.

---

[61] Quelle: Statista – Das Statistikportal - 2018 (https://de.statista.com/)

Der Teufelskreislauf muss mit aller Macht durchbrochen werden, damit die vielen Kriege und kriegerischen Handlungen nicht weiter unterstützt werden und die vielen Milliarden der Rüstungshaushalte aller Staaten endlich für sinnvolle Zwecke verwendet werden können.

Fragt man die deutsche Bundesregierung, weshalb überhaupt Waffen exportiert werden, erhält man entwaffnend einfache Antworten: "Wenn wir es nicht machen, machen es andere Länder" und "Wir haben eine hocheffektive Industrie aufgebaut, weshalb sollten wir sie nicht nutzen?" und "Es hängen Tausende von Arbeitsplätzen daran".

Das mag alles richtig sein, zeigt aber umso deutlicher, dass kein Land im Alleingang den Rüstungswettlauf stoppen kann.

Zum Abschluss dieses Kapitels komme ich wieder zu den brennenden Fragen:

Was sind die Ursachen des Problems? Wie wichtig und wie dringend ist das Thema? Was könnte so etwas wie eine "Weltregierung" im Vergleich zu einzelnen Staaten oder Staatenverbünden besser machen? Was passiert, wenn wir nichts machen und einfach abwarten?

Ich werde wieder versuchen, auf diese komplexen Fragen kurze Antworten zu geben:

Was sind die Ursachen des Problems?

Für die Ursache-Wirkung-Bestimmung nutze ich wieder die „5-Why-Methode" (vgl. Vision 1).

Ausgangspunkt ist das Problem: „Die Regierungen haben es bisher nicht geschafft, den weltweiten Waffeneinsatz und -handel zu beschränken".

(1) Warum ist das so?
Weil der Waffenhandel in vielen Ländern ein wesentlicher Wirtschaftsfaktor ist und Arbeitsplätze sichert.

(2) Warum ist das so?
Weil die Nachfrage nach Waffen weltweit ungebrochen ist.

(3) Warum ist das so?
Weil es immer mehr politisch instabile Regionen gibt, in denen die Nachfrage nach Waffen naturgemäß noch zunimmt.

(4) Warum ist das so?
Weil es keine „Welt-Institution" gibt, die den Waffenhandel und -einsatz wirksam begrenzen kann.

Wie wichtig ist das Thema?

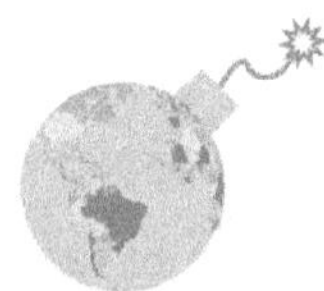

Wenn man sich ansieht, wie sich die Ursachen der Kriege (siehe Visionen 1-3) entwickeln, muss man sogar noch eine Zunahme der Auseinandersetzungen befürchten.

Die Zahl der Toten und Verwundeten wird weiter steigen. Auch die Zahl der Menschen, die ihre Heimat zwangsweise verlassen müssen, wird mittelfristig deutlich zunehmen und mehr Staaten als bisher betreffen. Auch wird es höchste Zeit, dass die Menschheit erkennt, dass die jährlichen Milliardeninvestitionen in Rüstung überflüssig und unsinnig sind und für die Lösung der globalen Probleme eingesetzt werden sollten.

Wie dringend ist die Lösung des Problems?

Die immer perfider werdende Kriegsmaschinerie macht es immer einfacher, im großen Stil Menschen umzubringen. Das heißt, die Rüstungsindustrie unterstützt durch ihr Angebot von High-Tech-Waffen kriegerische Auseinandersetzungen und wirkt als Katalysator. Diese Spirale nimmt immer mehr zu und ein Ende ist nicht abzusehen. Dass schnellstmöglich etwas getan werden muss, zeigt nicht nur der steigende Waffeneinsatz in kriegerischen Auseinandersetzungen, sondern auch die vermehrten Anschläge von labilen Menschen mit todbringenden Waffen.

Traurige Vorfälle gibt es insbesondere immer wieder in den USA, wo die liberalen Waffengesetzte es fast jedem erlauben, eine High-Tech-Waffe zu kaufen (und zu benutzen).

Dass die Regierungen hinsichtlich ihrer Rüstungshaushalte weltweit den Bogen mehr als überspannt haben, sieht man auch an einer ganz einfachen Vergleichsberechnung:

Ende 2015 waren weltweit rund 700 Millionen Menschen von extremer Armut betroffen[62], sie leben in Haushalten mit Einkommen von weniger als 1,90 US-Dollar pro Tag und Kopf.

Hätte man im Jahr 2016 die weltweiten Rüstungsausgaben von 1,4 Billionen US-Dollar[63] auf 1/3 dieses Betrages beschränkt, wären jedes Jahr 0,93 Billionen US-Dollar und damit monatlich rund 77 Milliarden US-Dollar frei geworden. Damit hätten alle diese 700 Millionen Menschen ein bedingungsloses Grundeinkommen

---

[62] Quelle: Bundeszentrale für politische Bildung vom 01.07.2017 (http://www.bpb.de/nachschlagen/zahlen-und-fakten/globalisierung/52680/armut)

[63] Quelle: Statista – Das Statistikportal – 2018 (https://de.statista.com/)

von rund 100 US-Dollar monatlich erhalten können. Für westeuropäische Verhältnisse ist das nicht viel, aber für die Ärmsten der Armen wäre das die Grundlage für ein lebenswertes Leben gewesen.

Alternativ hätte man die monatlich freiwerdenden 77 Milliarden US-Dollar auch in die Bildung der 700 Millionen von extremer Armut betroffen Menschen investieren können.

Eine solche zunächst gravierend klingende Reduzierung der Rüstungsausgaben ist eigentlich gar nicht einschneidend, denn wenn alle Staaten gleichermaßen ihre Ausgaben reduzieren, würde sich das weltweite Kräfteverhältnis überhaupt nicht ändern.

Ist das nicht etwas, das wir schnellstmöglich anstreben sollten?

Wie hoch ist die Wahrscheinlichkeit, dass das Problem auch ohne eine machtvolle Welt-Institution gelöst wird?

Abrüstung ist weltweit leider überhaupt kein Thema, im Gegenteil, die USA haben seit der Trump-Regierung alle verbündeten Staaten aufgefordert, noch mehr Geld in die Rüstung zu stecken.

Dennoch sind auch die hochgerüsteten Staaten nicht in der Lage, den Weltfrieden zu sichern.

Die bisher vergeblichen Anstrengungen, um Putin zu einem Rückzug aus der Ukraine zu bewegen, haben gezeigt, dass selbst die Supermächte im UN-Sicherheitsrat machtlos sind, um einzelne "Schurkenstaaten" in die Schranken zu weisen.

Auch die Hoffnung, dass irgendwann alle demokratischen Staaten den Waffenexport in (potentielle) Kriegsgebiete vollständig unterlassen bzw. unterbinden, ist meines Erachtens illusorisch.

Ein Beispiel: Rheinmetall, der größte in Deutschland ansässige Rüstungskonzern und der weltweit drittgrößte Produzent für Munition, sorgt dafür, dass bei keinem Krieg die todbringende Munition ausgeht: Er liefert nicht nur Munition, sondern gleich komplette Munitionsfabriken und Munitionsabfüllanlagen. Dadurch werden die oft autokratisch regierten Kundenländer unabhängiger von der Rüstungsexportgenehmigungspolitik ihrer Lieferländer.

Eine teuflisch geniale Strategie!

Welche Folgen sind zu erwarten, wenn die Problematik nicht gelöst wird?

Vieles spricht dafür, dass unsere Kinder und Kindeskinder in einer Welt leben werden, in der das Wettrüsten noch zunimmt und von den Regierungen immer größere Teile des von der Bevölkerung erwirtschafteten Kapitals in Rüstungsausgaben "investiert" werden. Im Jahr 2024 waren es - wie bereits erwähnt - weltweit 2,7 Billionen US-Dollar!
Ein unvorstellbar hoher Betrag, mit dem man allen Hunger auf der Erde hätte beenden können.

Aber im Gegenteil: Für die Höhe der Rüstungsausgaben wurde sogar ein Zielwert festgesetzt! Zwei Prozent des Bruttoinlandsprodukts (BIP) sollen die Staaten für Verteidigung ausgeben.

Das Ziel ist zwar schon alt (es entstand während des NATO-Gipfels im Jahr 2002 in Prag), aber Donald Trump hat einen hohen Druck auf die NATO-Partner aufgebaut, so dass früher oder später alle Staaten diesen Wert erreichen werden.

Wie unsinnig für Europa eine weitere Aufrüstung wäre, sieht man ganz deutlich, wenn man den Wehr-Etat der EU mit dem des "Klassenfeinds" Russland vergleicht. Alleine Deutschland und Frankreich geben jetzt schon mehr für Rüstung aus, als Russland. Welchen Abschreckungseffekt sollte da eine weitere Steigerung noch bringen?

Eine paradoxe Situation, wenn man bedenkt, für wie viele wichtige globale Projekte das Geld fehlt. Ich denke da an eine kostenlose Schulbildung für jedes Kind, an die Verfügbarkeit von sauberem Wasser für jeden Haushalt, an eine erschwingliche und erreichbare ärztliche Versorgung und und und…

Alles Forderungen, die für uns Europäer ganz selbstverständlich sind. Sie auch für den Rest der Welt zu erreichen, wäre viel wichtiger als neue Soldaten, Panzer und Cruise Missals.

Ein Ende dieser absurden Entwicklung ist leider nicht in Sicht. Im Gegenteil, viele Experten rechnen damit, dass in nicht allzu ferner Zukunft die Künstliche Intelligenz (KI) die Kriegsführung revolutionieren wird.

Das "Handelsblatt" vertritt in dem Artikel "Tödliche Algorithmen - Wie künstliche Intelligenz die Kriegsführung revolutioniert"[64] die Auffassung, dass KI Teil einer technologischen Revolution ist, die unsere Vorstellung vom Krieg völlig verändern wird:

"Der Mensch tötet nicht mehr, er lässt töten. Schwärme von Drohnen, autonome Panzer und andere Fahrzeuge sowie Roboterkrieger sind lernende Maschinen, die selbstständig Ziele suchen und auslöschen können. Schon heute sind sie technisch möglich."
(Zitat Ende)

---

[64] Quelle: Handelsblatt vom 27.09.2018 (https://www.handelsblatt.com/unternehmen/industrie/neue-waffensysteme-toedliche-algorithmen-wie-kuenstliche-intelligenz-die-kriegsfuehrung-revolutioniert/22675868.html?ticket=ST-2605300-2cp14HMS9NCqs6jceXel-ap4)

Machthungrige Politiker vom Schlage eines Donald Trump werden immer wieder auf Abschreckung durch Stärke setzen.

Sie werden auch nicht davor zurückschrecken, anderen Ländern ihre Stärke zu beweisen und dadurch immer neue kriegerische Auseinandersetzungen herausfordern.

Georg Escher schreibt in einem Kommentar[65] zum "Zwei-Prozent-Ziel" folgendes:

"Die Gleichung "höhere Rüstungsausgaben bedeuten mehr Sicherheit" ist schlichtweg falsch. Islamistische Terrortruppen lassen sich nicht wirklich militärisch besiegen." (Auszug Ende)

Was würde sich konkret verbessern, wenn sich eine machtvolle Welt-Institution des Themas annehmen würde?

Diese Institution würde ein Konzept erarbeiten, wie Waffenproduktion, -handel und -einsatz weltweit begrenzt werden können. Sicher gibt es in einzelnen Ländern immer wieder - besonders nach Amokläufen - Bestrebungen, dies zu tun. Aber kein Land alleine hat die Macht, sich gegen die mächtige Waffenlobby durchzusetzen. Ein Welt-Globalisierungsrat hätte sie. Dies würde die Welt sicherer machen und vielen Menschen das Leben retten.

Welche Zielkonflikte gibt es?

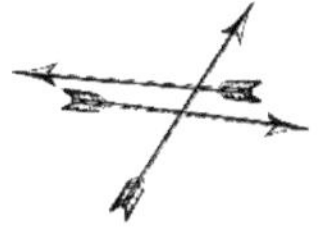

Alle Maßnahmen, die ein Welt-Globalisierungsrat durchführen würde, um das Ziel zu erreichen, dass der Waffeneinsatz und -handel weltweit beschränkt wird, hätten (leider) zwangsläufig

---

[65] Quelle: Nürnberger Nachrichten vom 03.09.18

Einfluss auf andere Ziele: Jede Regierung versucht, in ihrem Land möglichst viele Arbeitsplätze zu schaffen, da hierdurch ein legitimes Grundbedürfnis der Bevölkerung erfüllt wird. Die Waffenindustrie ist in vielen Ländern ein großer Arbeitgeber. In den Rüstungsunternehmen würden durch politische Eingriffe natürlich nach und nach Arbeitsplätze wegfallen.

Die Länderregierungen müssten sich daher parallel zum Abbau des Waffenhandels überlegen, wo neue Arbeitsplätze entstehen können.

Daran sieht man, dass solche grundsätzlichen Weichenstellungen mit Bedacht und vor allem global abgestimmt erfolgen müssen. Wenn nur einzelne Länder handeln, kommt es schnell zu Ungleichgewichten und neuen Problemen.

Vision 6:
Wir schaffen es, dass die Reichen freiwillig die Armen unterstützen

Alle Menschen, die auf der Erde geboren werden, sollten gleiche Startchancen haben. Dies ist aber nicht der Fall, da das Vermögen der auf der Erde lebenden Bevölkerung extrem ungleich verteilt ist.

"Nach der Oxfam-Studie 2017[66] besaß das reichste Prozent der Weltbevölkerung mehr Vermögen als die anderen 99% zusammen. Etwa 700 Millionen Menschen auf der Welt hatten nicht genug zu essen und mussten von weniger als 1,90 Dollar pro Tag leben und die Hälfte der Weltbevölkerung lebte von zwei bis zehn Dollar pro Tag." (Zitat Ende)

Diese Zahlen sind erschreckend, aber die Situation hat sich seitdem nicht verbessert, sondern verschlechtert.

Laut dem aktuellen Bericht von 2026 hat sich die globale Vermögensungleichheit drastisch verschärft:

Im Jahr 2025 ist das Vermögen von Milliardären um 2,5 Billionen US-Dollar gewachsen – auf den Rekordwert von 18,3 Billionen US-Dollar. Dieser Anstieg in nur einem Jahr entspricht fast dem gesamten Vermögen der ärmeren Hälfte der Weltbevölkerung, das sind mehr als vier Milliarden Menschen.

Das Problem der globale Vermögensungleichheit könnte die Staatengemeinschaft sofort lösen: Es gibt Millionen von Menschen, die so viel Geld haben, dass sie gar nicht wissen, was sie damit tun sollen.

Für den wohlhabenden Teil der Weltbevölkerung gibt es nichts, was zu teuer wäre. Sammler und Investoren kaufen sich ohne mit der Wimper zu zucken Kunstwerke für Millionen von Euro/US-Dollar (den derzeitigen Höhepunkt erreichte im Jahr 2017 ein

---

[66] Quelle: Oxfam-Studie 2017 (https://www.oxfam.de/ueber-uns/aktuelles/2017-01-16-8-maenner-besitzen-so-viel-aermere-haelfte-weltbevoelkerung)

anonymer Käufer, der für das Gemälde „Salvator Mundi" von Leonardo da Vinci 450 Millionen US-Dollar zahlte). Luxusapartments, Villen, Privatjets und Luxusjachten finden regelmäßig für mehrstellige Millionenbeträge ihre Käufer.

Bei Luxusyachten rechnet man z.B. mit Kosten von einer Million US-Dollar pro Meter und welcher Superreiche will schon eine Yacht die weniger als 50 Meter lang ist?

Es gibt Hotelzimmer (besser gesagt Suiten), die pro Nacht zwischen 22.000 und 77.000 Euro kosten, z.B. in New York und Genf. Und sie werden gebucht!

Die Ablösesummen für Fußballstars sind mittlerweile in einer unfassbaren Größenordnung. Im Jahr 2017 kaufte das Emirat Katar den Brasilianer Neymar vom FC Barcelona für 222 Millionen Euro. Die aktuelle Ablösesumme für Messi ist auf 700 Millionen festgeschrieben und die von Ronaldo auf eine Milliarde.

Aber woher kommt das ganze Geld? Ist unsere Generation wirklich um so viel produktiver als die Generationen vor uns? Ich glaube nicht.

"Planet Wissen" gibt die Erklärung[67]:

"Das Geld stammt von den Banken. Viele Menschen glauben, dass die Kredite, die die Banken vergeben, aus den Einlagen der Sparer stammen. Das ist ein Irrtum. In Wahrheit werden die Kredite unabhängig von den Einlagen vergeben. Die Banken schaffen das Geld quasi aus dem Nichts, indem sie die Summe auf dem Konto des Kreditnehmers einfach gutschreiben.

Auf diese Weise entsteht mit jedem Kredit neues Geld. Fachleute sprechen deshalb von Kreditgeldschöpfung. Bei der Kreditgeldschöpfung sind den Banken keine Grenzen auferlegt." (Zitat Ende)

---

[67] Quelle: Planet Wissen (https://www.planet-wissen.de/.../geld/pwiewieneuesgeldindieweltkommt100.html)

Wie gefährlich das ist, haben wir alle schmerzlich in der Finanzkrise im Jahr 2007 erlebt...

Zudem werden riesige Vermögen vererbt, ohne dass eine Besteuerung anfällt, das heißt, ohne dass der Staat und damit die Bevölkerung des Staates etwas davon hat. Die Steuersysteme der Staaten begünstigen in der Regel diejenigen, die bereits vermögend sind.

Das wird dadurch gerechtfertigt, dass die Regierungen angeblich nicht wollen, dass Unternehmen durch eine Besteuerung bei einem Betriebsübergang "in Gefahr geraten".
Dabei gäbe es viele Möglichkeiten, um das zu verhindern.

Als wäre die Ungleichheit nicht schon groß genug, müssen wir tagtäglich erfahren, dass immer neue Meldungen kommen, dass sich gerade die Spitzenverdiener auch noch darum drücken, in ihrer Heimat Steuern zu zahlen.

Die erschreckenden Fakten hat Stefan Beutelsbacher (New York) in einem Artikel für "Die Welt" zusammengefasst[68] (Auszug):
"Amerikas Konzerne haben mehr als zweieinhalb Billionen US-Dollar in Offshore-Gesellschaften geparkt, zeigt eine Studie. Im Jahr 2016 betrieben unter den 500 umsatzstärksten amerikanischen Konzernen fast drei von vier eine Tochtergesellschaft an einem Offshore-Finanzplatz – meist auf den Cayman Islands. Apple und Microsoft, Nike und Coca-Cola, General Electric und die Citigroup: Sie alle besitzen Adressen in Gebieten, die keine oder nur sehr geringe Steuern auf Umsätze und Vermögen erheben. Zusammen horten Amerikas Großunternehmen 2,6 Billionen US-Dollar in 9755 Offshore-Gesellschaften! Wie wenig Steuern manche Unternehmen abführen, rechnen die Autoren am Beispiel von Nike vor. Der Sportartikelhersteller zahle auf die rund zwölf Milliarden US-

---

[68] Quelle: „Die Welt" vom 24.10.2017 (https://www.welt.de/finanzen/article169994603/US-Konzerne-horten-Billionen-in-Steueroasen.html)

Dollar, die er im Ausland liegen habe, gerade einmal 1,4% Steuern. Die meisten seiner 54 Tochtergesellschaften befänden sich auf den Bermudainseln - übrigens auch ein britisches Überseegebiet. Einen Laden, in dem man Schuhe kaufen könnte, betreibe Nike dort aber nicht. Das größte Geflecht an Offshore-Niederlassungen besitzt die New Yorker Bank Goldman Sachs, wie die Untersuchung zeigt. Es sind 905. Mehr als 500 davon befinden sich auf den Caymans. All das könnte aber nur die Spitze des Eisbergs sein. Eine weitere Studie des ITEP fand vor einiger Zeit heraus, dass US-Firmen wohl 90 Prozent ihrer Tochtergesellschaften verbergen. Ganz legal, denn wenn es um die Offenlegung von Offshore-Aktivitäten gehe, seien die Regeln der amerikanischen Börsenaufsicht ziemlich lax. Ist dieser Wert korrekt, dann unterhalten amerikanische Konzerne nicht 9755 Niederlassungen in den Steuerparadiesen dieser Welt – sondern rund 95.000." (Auszug Ende)

Das Problem entsteht auch deshalb, weil viele Staaten ein extrem kompliziertes Steuerrecht aufgebaut haben, das der Steuergerechtigkeit dienen soll, in der Praxis aber dazu führt, dass es jede Menge Schlupflöcher gibt.

Im Gegenzug dazu gibt es einige Staaten, die sich darauf spezialisiert haben, große Unternehmen und reiche Bürger damit anzulocken, dass sie einen extrem niedrigen Steuersatz bieten.

Und es gibt eine ganze "Beratungsindustrie" die das Geschäftsmodell hat, für besonders gutbetuchte Unternehmen immer kompliziertere Steuervermeidungsmodelle zu entwerfen.

Im deutschen Finanzministerium ist das natürlich seit Jahren bekannt, aber der damalige Finanzminister blockierte persönlich aus unerfindlichen Gründen EU-Regelungen, die das zumindest in Europa eingedämmt hätten.
Die sogenannte „Digitalsteuer" hätte zu einer gerechten Besteuerung der online-Riesen wie Amazon und Co. führen können.

Diese "Superstar-Konzerne" können ihre Produkte grenzüberschreitend anbieten und Gewinne erzielen, ohne im betreffenden Land eine klassische Betriebsstätte zu unterhalten. Deshalb werden ihre Erträge im Steuerrecht oft nicht erfasst und sie bleiben unbesteuert.

Die potentiellen großen Steuerzahler auf der ganzen Welt und ihre cleveren Steuerberater nutzen die Uneinigkeit der Staaten weidlich aus. Das führt dazu, dass viele sehr große multinationale Unternehmen und viele Superreiche es schaffen, so gut wie keine Steuern zu zahlen.

Ein Lichtblick sind einzelne Länder wie Österreich, die eine nationale Digitalsteuer beschlossen haben. An solchen positiven Alleingängen sieht man umso mehr, wie wichtig so etwas wie eine "Weltregierung" wäre um diese guten Beispiele bei allen Ländern einzuführen.

Apropos EU-Regelungen:
Finanzexperten sind sich einig, dass den ausufernden Börsenspekulationen durch eine Transaktionssteuer begegnet werden sollte. Obwohl die Einführung innerhalb der EU bereits seit 2009 geplant ist, ist sie bis heute nicht umgesetzt.
Einer der Gründe ist, dass sie nach Meinung von Experten eigentlich nur wirksam wäre, wenn sie weltweit eingeführt wird, aber darum kümmert sich niemand.

Es geht hierbei um gigantische Summen:
Wenn die Finanztransaktionssteuer eingeführt werden würde, könnte laut einer Schätzung des österreichischen Instituts für Wirtschaftsforschung allein Deutschland bei einem Satz von 0,05% mit Steuereinnahmen in Höhe von 0,7 bis 1,5% des Bruttoinlandsprodukts rechnen. Das wären zwischen 17 und 37 Milliarden Euro.

Für die gesamte EU wären es etwa 110 bis 250 Milliarden Euro[69].

Auf die ganze Welt hochgerechnet ergäben sich grob geschätzt mehr als eine Billion US-Dollar jährlich.

Eine Summe, die sich die Regierungen der Welt jedes Jahr entgehen lassen, nur aus falscher Rücksichtnahme auf den weltweiten Börsenhandel. Unvorstellbar! Was könnte man damit Gutes tun! Zum Beispiel weltweit ein bedingungsloses Grundeinkommen für Bedürftige einführen, Wohnungen für homeless people bauen, jedem Menschen eine Krankenversicherung finanzieren und und und...

Wir brauchen auch bei diesem vielschichtigen Thema einen Paradigmenwechsel.

Der erste naheliegende Gedanke wäre, die Einkommen der Spitzenverdiener zwangsweise zu beschneiden, die der Geringverdiener anzuheben und eine drastische Vermögenssteuer einzuführen.

Aber ist das sinnvoll? Werfen wir einen kurzen Blick auf die Vergangenheit, denn aus ihrer Geschichte könnte die Menschheit unendlich viel lernen, leider nutzt sie das kaum:

Deutschland stand nach dem 2. Weltkrieg vor dem Problem, dass die Städte ausgebombt aber viele Bauern Reich waren. Das Land stand damals am Rande eines Bürgerkriegs. Daher hat die damalige Bundesregierung unter Konrad Adenauer eine Zwangsumlage eingeführt, das „Lastenausgleichsgesetz".

---

[69] Quelle: Wikipedia Finanztransaktionssteuer (https://de.wikipedia.org/wiki/Finanztransaktionssteuer#Fiskalische_Wirkungen)

Die Umverteilung erfolgte dadurch, dass diejenigen, denen erhebliches Vermögen verblieben war (insbesondere betraf das Immobilien), eine Lastenausgleichsabgabe zahlten. Die Abgabe belief sich auf 50 % des berechneten Vermögenswertes.

Sie konnte in bis zu 120 vierteljährlichen Raten, also verteilt auf 30 Jahre, in einen Ausgleichsfonds eingezahlt werden[70].

Das bedeutete praktisch, dass die Reichen die Hälfte ihres Vermögens an die Armen abgeben mussten. aber durch den langen Zeitraum war es gut leistbar.

Das wäre prinzipiell eine gute Idee, aber nur die Ultima Ratio, denn das würde heutzutage sicher zu Unverständnis, Demotivation und Umgehungslösungen führen, denn wir haben keine „Nachkriegssituation".

Auch hier wäre es eine der ersten Aufgaben des Welt-Globalisierungsrats, neue und kreative Ideen zu entwickeln.

Hier einer von vielen denkbaren Ansätzen:
Jeder kann - wie bisher - so viel verdienen, wie der Markt für seine Tätigkeit hergibt. Für seinen persönlichen Verbrauch werden ihm aber nur 25.000 € (Netto) monatlich belassen.

Warum 25.000 EURO? Das ist in etwa das Amtsgehalt, das ein Bundeskanzler/eine Bundeskanzlerin in Deutschland monatlich bekommt. Man sollte daher davon ausgehen können, dass man mit diesem Betrag auch als verwöhnter Spitzenmanager, erfolgreicher Sportler oder Künstler gut leben kann, oder?

Aber was passiert mit den übersteigenden Beträgen? Das ist der Clou der Idee: Diese Beträge kommen in einen "Innovationstopf" des Unternehmens oder der Branche.

---

[70] Quelle: Wikipedia Stand Juni 2021 (https://de.wikipedia.org/wiki/Lastenausgleichsgesetz

Zum Beispiel würden die "Überschüsse" der Bundesliga-Fußballer und deren Spitzenfunktionäre dadurch der gesamten Sportbranche (Profis und Nachwuchskräfte) zugutekommen. Schwimmer, Leichtathleten, Hockeyspieler usw., die derzeit zu den sportlichen "Geringverdienern" zählen, würden davon profitieren.

Bei Unternehmen müsste man das etwas enger sehen: Wenn die ganze Branche von den Überschüssen profitieren würde, wäre der Grundgedanke des gesunden Konkurrenzkampfes kaum mehr zu realisieren. Hier würden die Überschüsse im Unternehmen verbleiben und die Innovationskraft des eigenen Betriebes stärken.

Was hätte so ein Paradigmenwechsel für positive Folgen?

Der Innovationstopf der Sportwelt würde den Breitensport immens voranbringen. Ganz viele sinnvolle Projekte außerhalb der "Königsklassen", die derzeit aus Geldmangel hinten runterfallen, könnten künftig realisiert werden. Nicht nur sportliche, sondern auch finanzielle Fairness würde die Sportwelt prägen.

Künstler, die sich außerhalb des Mainstreams bewegen, würden enorm aufgewertet werden und die ihnen gebührende Unterstützung erhalten. Davon könnte die gesamte deutsche Kunstszene profitieren.

Die Innovationskraft der deutschen Wirtschaft würde zunehmen, weil die "normalen" Beschäftigten sehen, dass ihre Arbeitsleistung im Vergleich zu den Managern plötzlich mehr wert ist und Geld für viele neue sinnvolle Projekte im Innovationstopf vorhanden ist.

Ein gesonderter "Topf" könnte für die staatlichen Unterstützungsleistungen gebildet werden. Die Sozialleistungen (früher: Hartz IV) könnten dadurch auf eine neue Basis gestellt werden. Eventuell wäre sogar so viel Geld da, dass ein bedingungsloses

Grundeinkommen eingeführt werden kann. Die Finanzierung dieses Topfes könnte aus staatlichen Einnahmen, z.B. aus Gewinnen der staatlichen Lotterien, erfolgen.

Natürlich gibt es auch Risiken.

Die große Befürchtung wäre wahrscheinlich, dass die "Spitzenkräfte" ins Ausland abwandern. Das könnte natürlich in einem gewissen Umfang eintreten. Aber brauchen wir in Deutschland wirklich Spitzenmanager und Spitzensportler, die sich so wenig solidarisch mit der Gemeinschaft erklären, dass sie sagen: " Der Verdienst eines Bundeskanzlers ist mir zu wenig? Dafür verlasse ich lieber meine Heimat!" Ich glaube, auf solche "Persönlichkeiten" können wir gut verzichten!

Wie realistisch ist diese Idee?

Das kommt ganz darauf an, wie ernsthaft man sich mit dem Thema beschäftigt. Wenn man es macht wie bei Kevin Kühnert und sofort von einem "verschrobenen Retro-Weltbild eines verirrten Fantasten" spricht, werden wir nicht weiterkommen. Wenn man aber sagt: "Im Prinzip eine gute Idee, das müssen wir mal genauer durchdenken!", dann kann etwas daraus werden.

In unserer globalisierten Welt ist so etwas natürlich sehr schwierig isoliert in einem Land umsetzen. Eine Regelung hätte dann bessere Erfolgsaussichten, wenn sie für die gesamte EU oder sogar weltweit eingeführt werden würde.

Eine weitere Idee sieht wie folgt aus:
Jeder kann und soll weiterhin so viel verdienen, wie ihm von seinem Arbeitgeber zugebilligt wird oder er sich als Selbständiger erwirtschaftet, denn wir brauchen weiterhin Menschen, die sich engagieren und wertvolle Leistung bringen und dementsprechend auch gutes Geld verdienen.

Aber was mit dem Geld gemacht wird, muss sich grundlegend ändern. Wir brauchen ein neues Verständnis von Geld und dessen Wert!

Ich denke da an Antoine de Saint-Exupery, der vor hundert Jahren schon erkannt hat, wie man Menschen am besten motivieren kann[71]:

"Wenn Du ein Schiff bauen willst, dann trommle nicht Männer zusammen um Holz zu beschaffen, Aufgaben zu vergeben und die Arbeit einzuteilen, sondern lehre die Männer die Sehnsucht nach dem weiten, endlosen Meer." (Zitat Ende)

Genauso müssen wir den Reichen zeigen, dass es außer Luxusgütern noch etwas anderes gibt, für das es sich lohnt, viel Geld auszugeben.

Bill Gates (einer der reichsten Männer der Welt) und viele Gleichgesinnte haben es bereits erkannt und investieren den größten Teil ihres Vermögens in Projekte, die helfen, die Welt zu verbessern. Und so wie es aussieht, bringt es ihnen auch Erfüllung...

So könnte man diese Ideen praktisch umsetzen (das ist wiederum nur ein Vorschlg):

Eine zentrale, neutrale und unabhängige Institution, die genau weiß, wo und wann auf der Welt zur Lösung der "Weltprobleme" viel Geld gebraucht wird, beschreibt und organisiert entsprechende "Weltprojekte".

Dann wird jeder reiche Mensch (Jahreseinkommen z.B. über 500.000 Euro oder Vermögen über 500.000 Euro) verpflichtet, hier aktiv zu werden, aber er kann sich ein Projekt seiner Wahl aussuchen und sich nach seinen Möglichkeiten beteiligen.

---

[71] Quelle: <u>Antoine de Saint-Exupery</u>, Werk: Die Stadt in der Wüste / Citadelle (<u>https://www.zitate-online.de/literaturzitate/allgemein/18950/wenn-du-ein-schiff-bauen-willst-dann-trommle.html</u>)

Ein bestimmter Betrag wird nicht vorgegeben, Mindestbeteiligung z.B. 10% des Jahreseinkommens.

Jeder Vermögende bekommt dadurch neben dem Gefühl, etwas Wichtiges und Gutes zu tun, natürlich positive Publicity, da über die Ergebnisse regelmäßig berichtet wird (Motto: "Tu Gutes und rede darüber") und er kann das öffentliche Ansehen zu Recht genießen.

Ich glaube fest daran, dass dann in vielen Fällen der "Bill Gates-Effekt" auftreten würde und immer mehr Reiche sich freiwillig in großem Umfang beteiligen würden.

Sie als Leserin bzw. Leser haben natürlich sofort erkannt, dass diese zentrale Institution ein Welt-Globalisierungsrat sein könnte und sollte, womit wir wieder beim Thema wären. Es gibt sicher noch viele andere gute Ideen, aber verbindlich einführen könnte sie nur eine solche Institution.

Ich schätze es übrigens sehr, wenn Politiker wie vor einiger Zeit z.B. der damalige Juso-Bundesvorsitzende Kevin Kühnert, den Mut haben, öffentlich "quer zu denken". Leider ist seine Idee der Verstaatlichung großer Wirtschaftsunternehmen nicht sehr erfolgversprechend. Ich danke da an den VW-Konzern, der den größten Betrugsskandal der Nachkriegsgeschichte verursachte, obwohl das Land Niedersachsen im Aufsichtsrat sitzt, an staatliche und kommunale Wohnungs(bau)gesellschaften, die nicht verhindern konnten, dass in unseren Großstädten ein Wohnungsnotstand herrscht, an die Deutsche Bahn als zu 100 % bundeseigenes Unternehmen, das der größte deutsche Glyphosat-Abnehmer ist. Es gibt noch weitere Beispiele...

Ob der Staat oder ein privatwirtschaftlicher Top-Manager ein Unternehmen führt, ist daher meines Erachtens nicht dafür ausschlaggebend, wie "ethisch" das Unternehmen agiert.

Die Diagnose ist daher auch bei diesem Punkt wieder eindeutig: Wenn wir erreichen wollen, dass die Reichen freiwillig die Armen unterstützen, können wir uns nicht darauf verlassen, dass das irgendwann von selbst eintritt.

Wir brauchen eine kompetente, unabhängige und verantwortungsbewusste Institution, die das übergeordnete Ziel "soziale Gerechtigkeit" im Auge hat. Aber nicht nur für Deutschland, sondern für die ganze Welt!

Zum Abschluss dieses Kapitels komme ich wieder zu den brennenden Fragen:

Was sind die Ursachen des Problems? Wie wichtig und wie dringend ist das Thema? Was könnte so etwas wie eine "Weltregierung" im Vergleich zu einzelnen Staaten oder Staatenverbünden besser machen? Was passiert, wenn wir nichts machen und einfach abwarten?

Ich werde wieder versuchen, auf diese komplexen Fragen kurze Antworten zu geben:

Was sind die Ursachen des Problems?

Für die Ursache-Wirkung-Bestimmung nutze ich wieder die „5-Why-Methode" (vgl. Vision 1).

Ausgangspunkt ist das Problem: „Die Schere zwischen Arm und Reich geht weltweit immer mehr auf".

(1) Warum ist das so?

Weil die Wirtschafts- und Steuersysteme in nahezu allen Staaten so eine Entwicklung unterstützen.

(2) Warum ist das so?

Weil die führenden Politiker der meisten Staaten nicht bereit oder nicht in der Lage sind, eine sozial ausgewogene Politik zu machen.

(3) Warum ist das so?
Weil arme Menschen nicht im Fokus der Regierungen stehen und dadurch auf Almosen („Entwicklungshilfe", „Sozialhilfe" usw.) und die Unterstützung durch Nichtregierungsorganisationen (NGOs) angewiesen sind.

Wie wichtig ist das Thema?

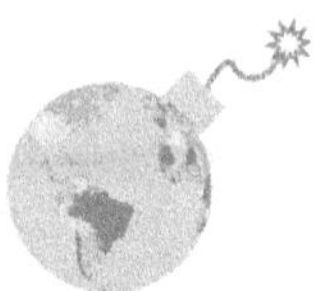

Milliarden von Menschen haben kein geregeltes Einkommen und eine Milliarde Menschen besitzt gerade so viel, dass sie überleben können. Sie besitzen keine Rücklagen für Notzeiten oder um sich das Leben lebenswert zu machen. Gleichzeitig lebt rund eine Milliarde im Überfluss und hat deutlich mehr Geld zur Verfügung, als sie braucht. Durch Superreiche und große Konzerne werden den Staaten riesige Summen an Steuergeldern vorenthalten, die sie dringend bräuchten, um für alle Menschen ein lebenswertes Leben sicherzustellen. Ein existentielles Thema für große Teile der Menschheit!

Wie dringend ist die Lösung des Problems?

Die Menschheit lebt eigentlich schon immer mit der ungleichen Einkommens- und Vermögensverteilung. Daher könnte man meinen, dass dies eigentlich gar kein dringendes Problem darstellt.

Es kommt zwar immer wieder zu Auseinandersetzungen wie Bürgerkriegen und Demonstrationen, aber der wohlhabende Teil der Weltbevölkerung kann offensichtlich gut damit leben und der arme Teil hat keine ausreichende Lobby.

Wo leben eigentlich die "ganz Armen"? Sicher nicht in Deutschland und unseren Nachbarländern, auch nicht in Europa. Auch hier gibt es "Arme", aber Armut wird nach einem ganz anderen Maßstab als in den wirklich armen Ländern gemessen.

Die Menschen, denen weniger als zwei US-Dollar pro Tag zur Verfügung stehen, leben in Süd-Afrika (z.B. Somalia, Republik Kongo, Niger, Eritrea) und Asien (z.B. Nord-Korea, Jemen, Afghanistan, Nepal). Das ist sehr weit weg von unserer heilen Welt.
Auch wenn Afrika und Asien als Urlaubsziele sehr beliebt sind, wird der Pauschaltourist kaum etwas von der wirklichen Armut mitbekommen.

Wer sich über die bedrückende Realität aus erster Hand informieren will, dem sei die "Dollar Street" auf der Website von gapminder[72] empfohlen. Das Team um Hans Rosling (Autor von "Factfulness") hat sich hier viel Arbeit gemacht und typische Szenen aus allen Einkommensschichten dokumentiert. Absolut sehenswert! Daher meine Frage:

Können wir alle, denen es gut geht, wirklich dauerhaft akzeptieren, dass es so viel Elend auf der Welt gibt?

Und weiter: Können wir es wirklich verantworten, Lebensmittel aus Überproduktionen oder aus eigenem Überfluss zu vernichten, wenn sich gleichzeitig andere Menschen aus Müllkippen und Abfallhaufen ernähren müssen oder sogar verhungern?! So betrachtet ist das Problem zwar uralt aber dennoch dringend, oder?

---

[72] Quelle: https://www.gapminder.org/dollar-street/matrix

Wie hoch ist die Wahrscheinlichkeit, dass das Problem auch ohne eine machtvolle Welt-Institution gelöst wird?

Viele Staaten sehen ihre Verantwortung und leisten Entwicklungshilfe für den armen Teil der Welt, aber - bezogen auf ihren Reichtum - leider nur in sehr geringem Umfang (dazu kommt noch das Problem, dass die Entwicklungshilfe oft falsch eingesetzt wird, vgl. die Ausführungen der Ökonomin Dambisa Moyo aus Sambia in Vision 3).

Bei den 29 Geberländern im OECD-Entwicklungsausschuss lag z.B. der Anteil am jeweiligen Bruttonationaleinkommen, die sogenannte ODA-Quote, im Durchschnitt bei jämmerlichen 0,32%. Deutschland hat immerhin 0,77% erreicht, aber auch dieser Anteil ist beschämend niedrig[73].

Natürlich gibt es reiche Staaten, die sehr viel tun, ich denke da zum Beispiel an die "International Humanitarian Aid and Development Fair", die von den Emiraten in Zusammenarbeit mit der UN und dem Roten Kreuz jährlich ausgerichtet wird.

Aber auch das sind - gemessen am Reichtum dieser Staaten - nur kleine Beträge.

Auch ein kleiner Teil der Superreichen wie Bill Gates und Co. setzen immense Geldmittel ein, um Gutes zu tun. Das reicht aber nicht aus. Die Welt braucht nicht nur die geschätzt 100 Superreichen, die sich derzeit mit Milliardenbeträgen extrem engagieren, sondern zusätzlich Millionen von Besserverdienenden, die einen Sinn darin sehen, mehr soziale Gerechtigkeit auf unserer Erde

---

[73] Quelle: Süddeutsche Zeitung, Ausgabe vom 11. April 2017

herzustellen und dafür regelmäßig einen großen Teil ihres Einkommens und Vermögens einsetzen.

Das reale Problem, dass spekulative Börsengeschäfte nahezu unversteuert bleiben, will die deutsche Bundesregierung übrigens aktuell durch eine "Börsen-Transaktionssteuer" lösen. Das klingt gut. Wer aber genauer hinschaut, sieht, dass die geplante Steuer kontraproduktiv wäre, da sie nur normale Aktiengeschäfte betreffen soll und nicht die rein spekulativen Transaktionen.

Der "kleine Mann", der sein Geld in Aktien anlegt, um Negativzinsen auf sein Sparguthaben zu entgehen, wäre dadurch betroffen. Aber die Profis, die im "Minutenhandel" rein spekulativ unterwegs sind und kein börsennotiertes Unternehmen durch Aktienkäufe stützen, wären von der Steuer befreit.

Wie kann ein Finanzminister (hier: Olaf Scholz/CDU) nur auf so eine Idee kommen?!

Welche Folgen sind zu erwarten, wenn die Problematik nicht gelöst wird?

Wer will in einer Welt leben, in der Eintausend Millionen (!) Menschen jeden Tag um ihre nackte Existenz kämpfen müssen während es über zweitausend Milliardäre und über 11 Millionen Millionäre gibt und die ganze Weltbevölkerung über ein Brutto-Geldvermögen von rund 169 Billionen EURO verfügt?

Eine solche gigantische Zahl von Einzelschicksalen kann man meines Erachtens auch nicht mit Statistiken und Vergleichen kleinreden: *"Vor 10, 50, 100 Jahren waren es noch viel mehr Menschen, es sind doch nur 15% der Weltbevölkerung, vor 200 Jahren waren es 90%..."*

Im Prinzip denke ich auch optimistisch und glaube den Prognosen, dass die Zahl der Armen weiter konstant zurückgehen wird, aber dieser Prozess wird sich über mehrere Jahrzehnte hinziehen, während die Zahl der Reichen und Superreichen viel schneller wachsen wird. Ein Zustand, den wir alle aus ethischen Gründen nicht hinnehmen sollten.

Was würde sich konkret verbessern, wenn sich eine machtvolle Welt-Institution des Themas annehmen würde?

"Alle Menschen werden Brüder", wie es sich Friedrich Schiller in der späten Fassung seiner "Ode an die Freude" wünschte[74], könnte tatsächlich in Erfüllung gehen, wenn es diese Institution schaffen würde, Millionen von Millionären und Besserverdienern für "Weltprojekte" zu begeistern. Das wäre eine echte win-win-Situation, da sowohl die Reichen als auch die Armen davon profitieren würden:

Die Reichen würden merken, wie sinnstiftend es ist, gute Projekte zu unterstützen und die Armen wären nicht mehr länger auf die Reichen neidisch, denn sie würden ja sehen, dass deren Vermögen für sinnvolle Projekte, die auch ihnen zugutekommen, eingesetzt wird.

Ein weiterer gravierender Vorteil einer machtvollen Welt-Institution wäre auch, dass sie dafür sorgen könnte, dass der Welt eine erneute Finanzkrise (wie wir sie zuletzt in den Jahren 2007/2008 erlebt haben), erspart bliebe. Viele namhafte Finanzexperten sind nämlich der Meinung, dass unsere Regierungen nicht konsequent

---

[74] Quelle: Wikipedia, Ode an die Freude (https://de.wikipedia.org/wiki/An_die_Freude)

dafür gesorgt haben, dass sich die Krise nicht wiederholen kann. Auch der Ex-Chef der Europäischen Zentralbank, Jean-Claude Trichet, warnt, dass das globale Finanzsystem heute mindestens so verwundbar sei wie 2008 - wenn nicht noch mehr.

Eine mächtige „Welt-Institution" könnte natürlich auch das „große Rad drehen":

Der Menschheit geht es im 21. Jahrhundert so gut wie noch nie zuvor. Aber wie wir alle wissen, erfolgte in den letzten Jahrzehnten weltweit eine extreme Umverteilung von Arm zu Reich.

Das liegt daran, dass die Wirtschafts- und Steuersysteme der meisten Länder dies systematisch begünstigen. Sie sind darauf ausgelegt, dass die gutverdienenden Personen noch reicher werden und die erfolgreichen Unternehmen noch erfolgreicher werden. Dabei könnten gerade die Steuersysteme die Grundlage dafür bieten, dass die gesamte Bevölkerung profitiert.

Das Zauberwort heißt „Gemeinwohl". Im Prinzip müsste ein sinnvolles und zukunftsfähiges Steuersystem Anreize dafür bieten, dass alle sich gegenseitig unterstützen, also kooperieren. Dadurch könnte man langfristig wirklich „Wohlstand für Alle" erreichen. Britische Wissenschaftler vom „London Mathematical Laboratory"[75] haben es übrigens sogar mathematisch nachgewiesen, dass die Gemeinwohl-Orientierung einer Gesellschaft dies erreichen kann.

Diese Wissenschaftler reden nicht von Kommunismus. Ich glaube, wir haben aus der Geschichte gelernt, dass sozialistischer Klassenkampf und Klassenhass nicht zielführend sind.

Die aktuelle Corona-Krise wäre der ideale Zeitpunkt, um umzusteuern: In jeder Krise gibt es Gewinner und Verlierer. Wenn die

---

[75] Homepage: http://lml.org.uk/research/economics/

„Corona-Gewinner" wie Online-Handelsriesen oder Pharma-Giganten steuerliche Anreize hätten, um die notleidenden „normalen" Unternehmen zu unterstützen, würde die gesamte Gesellschaft davon profitieren. Wir bräuchten dann keine staatlichen Unterstützungsprogramme mit all ihren Nachteilen, sondern die Wirtschaft würde sich durch Kooperationen selbst unterstützen.

Ich bin mir bewusst, dass dies eine große Herausforderung ist, denn neben neuen zukunftsfähigen Steuersystemen wäre dafür natürlich ein radikales Umdenken der Regierungen erforderlich...

Aber liegt es nicht auf der Hand, dass der Staat ein originäres Interesse daran haben müsste, dass z.B. der Online-Handel nicht langfristig dazu führt, dass die Innenstädte aussterben? Durch entsprechende Kooperationen könnte das verhindert werden.

Welche Zielkonflikte gibt es?

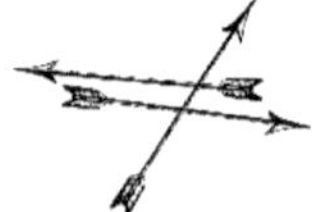

Alle Maßnahmen, die ein Welt-Globalisierungsrat durchführen würde, um das Ziel zu erreichen, dass die Reichen freiwillig die Armen unterstützen, hätten (leider) zwangsläufig Einfluss auf andere Ziele:
Sobald Menschen die Armutsgrenze überschreiten, konsumieren sie mehr und dadurch steigt ihr CO_2-Ausstoß zwangsläufig.

Auch verlängert sich im Regelfall ihre Lebenserwartung und dies verstärkt das Problem der Überbevölkerung unseres Planeten und belastet die Rentensysteme.

Der Welt-Globalisierungsrat müsste sich daher parallel zur Umverteilung des Reichtums überlegen, wie man die Folgewirkungen in den Griff bekommen kann. Lösungsmöglichkeiten gibt es.

Auch an diesem Beispiel sieht man aber, dass solche grundsätzlichen Weichenstellungen mit Bedacht und vor allem global abgestimmt erfolgen müssen. Wenn nur einzelne Länder handeln, kommt es schnell zu Ungleichgewichten und neuen Problemen.

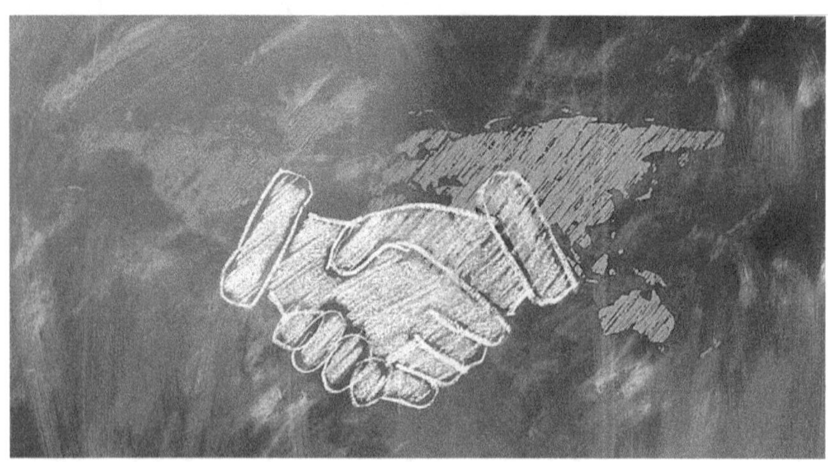

Betrachtet man die Visionen 1 bis 6, so drängt sich der Gedanke auf, dass diese durch ein vernünftiges Handeln derjenigen, die auf unserer Erde an den Schaltstellen der Macht sitzen, erfüllt werden könnten. Aber warum funktioniert das nicht?

Ganz einfach: Wir haben an der Spitze unserer Regierungen oft nicht die richtigen Personen!

Es gibt viele Spitzenpolitiker, die extrem machthungrig, skrupellos und nur auf ihren Vorteil bedacht sind. Sie spalten die Gesellschaft und ruinieren das Ansehen des ganzen Landes. Sie verweigern sich allem, was für die Welt wichtig wäre, sofern es nicht für ihr Land in ihren Augen einen Vorteil bringt.

Solchen „Herrschern" ist zuzutrauen, dass sie einen Atomkrieg aus einer Spontanreaktion heraus schneller auslösen, als ihre Berater sie zurückhalten können.

In der Regel sind sie demokratisch gewählt, aber dennoch unfähig, zur Lösung der drängenden Probleme dieser Welt beizutragen.

Können wir es uns wirklich weiterhin erlauben, durch "normale" Wahlen Politiker zu bestimmen, die die Zukunft der Welt beeinflussen?! Können wir es weiterhin hinnehmen, dass Politiker/innen, die von Sozialsystemen/Finanzsystemen/Verteidigungssystemen keine Ahnung haben, plötzlich zum Sozialminister/Finanzminister/Verteidigungsminister ernannt werden?

Es gibt auf der Erde ganz unterschiedliche Wahlsysteme, aber das Ergebnis ist meist ähnlich: An die Macht kommt nicht der Beste von sehr vielen sehr guten Bewerbern, sondern derjenige, der das meiste Geld in seine Wahlkampagne investieren kann, der die großen Wirtschaftsunternehmen im Rücken hat und der von seinen Parteikollegen/-innen unterstützt wird.

Und zur Wahl stehen nicht die klügsten Köpfe und integersten Persönlichkeiten des Landes, sondern machthungrige Politiker oder Unternehmer.

Wozu hat das geführt? In vielen Ländern auf der ganzen Welt gibt es Diktatoren, die ihre Bevölkerung ausbeuten und einsperren oder sogar ermorden lassen. Syrien, Nordkorea, Simbabwe, Usbekistan, Sudan, Äquatorialguinea und Eritrea sind hier nur einige Beispiele.

Es gibt leider auch viele andere Spitzenpolitiker, die ihre Bevölkerung zwar nicht bestehlen, einsperren oder umbringen lassen, aber dennoch nicht befähigt sind, einen Staat in unserer heutigen Welt der globalen Probleme zu regieren.

Der Havard-Politologe Yascha Mounk schreibt zu diesem Thema bemerkenswertes in seinem im Jahr 2018 erschienenen Buch "Der Zerfall der Demokratie"[76]:

"Wenn erst einmal ein autoritärer Führer – wie Ungarns Victor Orban – in Amt und Würden ist, dann befindet sich die Demokratie in "Lebensgefahr". Denn nach dem zweiten oder dritten Wahlsieg schaffen es diese "Führer" in der Regel, "die langsame und graduelle Verwandlung ihrer Länder in die Diktatur zu vollenden".
(Zitat Ende)

Wir brauchen künftig viel mehr "Weltpolitiker":
Politiker, die erkannt haben oder zumindest jetzt erkennen, dass viele drängende Probleme nicht mehr durch nationales (egoistisches) Denken gelöst werden können, da sie "Weltprobleme" sind.

Sozusagen das Gegenteil von Politikern vom Schlage eines Donald Trump oder Wladimir Putin.

---

[76] Quelle: Yascha Mounk, Der Zerfall der Demokratie (https://www.droemer-knaur.de/buch/9375966/der-zerfall-der-demokratie)

Ich muss bei diesem Thema auch an den weitsichtigen Albert Einstein denken, der bereits vor fast 100 Jahren gesagt hat[77]:

"Probleme kann man niemals mit derselben Denkweise lösen, durch die sie entstanden sind". (Zitat Ende)

Wir brauchen Politiker, die ihr Land nicht spalten, sondern vereinen. Politiker, die andere Länder nicht vor den Kopf stoßen, sondern zu Partnern und Freunden machen.

Die österreichische Kaiserin Elisabeth ("Sissi") hat es uns vor 150 Jahren vorgemacht: Durch ihr überaus herzliches und offenes aber dennoch kompetentes und zielorientiertes Verhalten hat sie es im Jahr 1867 geschafft, dass die Ungarn sich förmlich darum rissen, von ihr regiert zu werden. Ihr Mann, der österreichische Kaiser, hätte das alleine nie erreicht.

Ist es vielleicht so, dass Macht und Geld den Charakter der Menschen zwangsläufig verderben? Ich glaube nicht.

Es gibt viele positive Beispiele von Menschen, die mächtig und sehr reich sind und ihren Status zum Wohle anderer Menschen einsetzen.

In Deutschland bewies z.B. viele Jahre lang Angela Merkel, dass man auch ohne Skandale weltweit anerkannt gut regieren kann.

"Gut" ist natürlich relativ, ich bin mir bewusst, dass auch Frau Merkel viele wichtige Ziele für Deutschland nicht erreicht hat und viele wichtige Entscheidungen nicht ausreichend unterstützt hat.

---

[77] Quelle: Poeteus, Zitate für Freunde (http://www.poeteus.de/zitat/Probleme-kann-man-niemals-mit-derselben-Denkweise-l%C3%B6sen-durch-die-sie-entstanden-sind/10)

Aber sie ist integer und uneigennützig und hat nicht nur Deutschland, sondern auch Europa vorangebracht.

In Frankreich galt Emanuel Macron als Hoffnungsträger mit zukunftsweisenden Ideen - nicht nur für Frankreich, sondern für ganz Europa.

Er hat z.B. in einer Rede in der klassischen Einwandererstadt Marseille im Jahr 2017 gesagt[78]:

"Wenn ich auf Marseille schaue, sehe ich eine französische Stadt, geprägt durch eine zweitausendjährige Geschichte, durch Einwanderung, durch Europa. Ich sehe Armenier, Komorer, Italiener, Algerier, Marokkaner, Tunesier, ich sehe Menschen aus Mali, dem Senegal, der Elfenbeinküste. Aber was sehe ich? Ich sehe die Bürger von Marseille! Was sehe ich? Ich sehe Franzosen!" (Zitat Ende)

Ich würde aus Sicht meiner Visionen noch gerne ergänzen: "Was sehe ich? Ich sehe Bürger der Erde!"

In den USA erreichte Barak Obama viel für sein Land und die Staatengemeinschaft und das ganz ohne Skandale und Korruption.

Al Gore setzte sich nicht nur in seiner Zeit als Vizepräsident dafür ein, dass der Klimawandel bekämpft wird.

Von dieser Art von Politikern bräuchte die Welt wesentlich mehr.

Und warum sollten künftig nicht auch Menschen, die keine Berufspolitiker sind, die Geschicke ihres Landes beeinflussen dürfen?!

Ich denke da an superreiche Amerikaner wie Microsoft-Gründer Bill Gates, die Investoren-Legende Warren Buffett und Larry Ellison von Oracle, die gezeigt haben, dass sie große Unternehmen

---

[78] Quelle; Deutschlandfunk Kultur, Beitrag vom 20.04.2017 (http://www.deutschlandfunkkultur.de/emmanuel-macron-der-charismatische-politstar.979.de.html?dram:article_id=383728)

aufbauen und erfolgreich führen können und daneben das Gemeinwohl im Blick haben. Bekannter Weise treten sie nach und nach einen Großteil ihres Vermögens an die Gates-Stiftung ab.

Auch CNN-Gründer Ted Turner ist extrem wohltätig und versucht positiv auf die Zukunft der Welt einzuwirken. 1,1 Milliarden US-Dollar stellte der Medienmogul den Vereinten Nationen zur Verfügung. Ebay-Gründer Pierre Omidyar hat fast sein ganzes 4,2-Milliarden-US-Dollar-Vermögen der Omidyar-Stiftung übergeben, die sich für Nonprofit-Organisationen engagiert.

Auch Oscar-Preisträger Leonardo DiCaprio ist in dieser Hinsicht ein Vorbild. Er hatte 1998 die "Leonardo DiCaprio Foundation" ins Leben gerufen und mit der Stiftung Gelder in Höhe von über 100 Millionen Dollar für Umweltprojekte mobilisiert. Jetzt baut er sein Engagement als Umweltschützer mit einer weiteren Initiative aus. Zusammen mit Laurene Powell Jobs, Witwe des Apple-Gründers Steve Jobs, und einem US-Unternehmer gab er im Juli 2019 die Gründung der Organisation "Earth Alliance" bekannt. Sie wollen als Reaktion auf den Klimawandel in Bereichen wie erneuerbare Energien, sauberes Trinkwasser und Schutz von Ökosystemen mit Wissenschaftlern und Aktivisten initiativ werden[79].

Ähnliche Beispiele gibt es auch in vielen anderen Ländern.

Zugegeben, einige dieser Personen waren nicht immer Wohltäter, im Gegenteil, ihr Vermögen haben sie zum Teil mit zweifelhaften geschäftlichen Praktiken verdient. Aber sie haben sich vom "Saulus zum Paulus" gewandelt und das ist es, was meines Erachtens letztlich zählen sollte.

---

[79] Quelle: Die Zeit online vom 3.7.2019 (https://www.zeit.de/news/2019-07/03/leonardo-dicaprio-stellt-neue-umweltinitiative-vor-190703-99-903305)

Die wichtigste und dringendste Aufgabe eines künftigen Welt-Globalisierungsrats wäre daher, es zu unterstützen, dass möglichst viele Staaten von Personen regiert werden, die letztlich bewiesen haben, dass sie den sehr hohen Anforderungen an einen weltpolitisch denkenden Herrscher bzw. eine Herrscherin genügen.

Jedes Land braucht Kandidaten, deren Wahl nicht durch deren Einkommensverhältnisse oder Wirtschaftskontakte beeinflusst wird.

Aber was wären "geeignete Kandidaten"?

Das können natürlich weiterhin Berufspolitiker sein, aber auch Wissenschaftler, Unternehmer, Schriftsteller, Künstler usw. Die Kandidaten müssen nur eine ausgeprägte Eigenschaft haben:

Sie müssen ihre eigenen Vorstellungen den Interessen des Landes und – das wäre das Neue – den Interessen der Weltgemeinschaft unterordnen.

Ob sie arm oder reich sind, dürfte keine Rolle mehr spielen. Das könnte man z.B. dadurch sicherstellen, dass jeder „geeignete" Kandidat nur einen bestimmten Betrag, den er vom Staat zur Verfügung gestellt bekommt, für den Wahlkampf einsetzen darf.

Das große Problem bei allen Wahlen ist aber, dass die Kandidaten im Vorfeld viel versprechen können und keiner weiß, was sie davon während ihrer Regierungszeit auch einhalten.

Daher wäre der wichtigste Punkt, dass jedes Land künftig systematisch sicherstellt, dass ungeeignete Spitzenpolitiker schnellstmöglich wieder abgelöst werden.

Schwierig? Ja. Unlösbar? Nein.

Eine Möglichkeit wäre, dass man nach einem Jahr des Regierens ein Fazit zieht: Welche Entscheidungen wurden getroffen und welche waren gut und welche schlecht?

Fällt das Ergebnis positiv aus, darf der Politiker weitere drei Jahre regieren, fällt es negativ aus, endet die Amtszeit automatisch.

Leider wieder eine Aufgabe, die kein Land alleine angehen kann und für die man die Kompetenz und Macht einer unabhängigen Institution braucht.

Die Diagnose ist daher wieder eindeutig: Wenn wir es erreichen wollen, dass weltweit an den Schaltstellen der Macht nur Menschen mit der dafür erforderlichen "Best-Eignung" sitzen, brauchen wir so etwas wie eine "Weltregierung".

Zum Abschluss dieses Kapitels komme ich erneut zu den brennenden Fragen:

Was sind die Ursachen des Problems? Wie wichtig und wie dringend ist das Thema? Was könnte so etwas wie eine "Weltregierung" im Vergleich zu einzelnen Staaten oder Staatenverbünden besser machen? Was passiert, wenn wir nichts machen und einfach abwarten?

Ich werde wieder versuchen, auf diese komplexen Fragen kurze Antworten zu geben:

Was sind die Ursachen des Problems?

Für die Ursache-Wirkung-Bestimmung nutze ich wieder die „5-Why-Methode" (vgl. Vision 1).

Ausgangspunkt ist das Problem: „An den Schaltstellen der Macht sitzen weltweit wenig Menschen mit „Best-Eignung".

(1) Warum ist das so?

Weil unsere Wahlsysteme nicht darauf ausgelegt sind, dass nur Menschen mit „Best-Eignung" gewählt werden können.

(2) Warum ist das so?

Weil es für Wahlen von Spitzenpolitikern keinen „Anforderungskatalog" gibt, in dem z.B. festgelegt ist, dass die Kandidaten unter Beweis gestellt haben müssen, dass sie uneigennützig für die Interessen des Landes und der Staatengemeinschaft eintreten.

(3) Warum ist das so?

Weil die Auffassung besteht, dass durch die Beteiligung eines möglichst großen Teils des Volkes sichergestellt wird, dass der beste Kandidat gewählt wird.

Wie wichtig ist das Thema?

Stellen Sie sich vor, Sie leben in folgender Familie:

Der Vater ist das Familienoberhaupt, fällt die wichtigen Entscheidungen ohne Rücksprache mit den anderen Familienmitgliedern und behält sich vor, die Ehefrau und die Kinder zu züchtigen, wenn sie nicht das tun, was sie nach seiner Meinung tun müssten.

Die Mutter ist für den Haushalt und die Kindererziehung zuständig und ist angehalten, alle Entscheidungen des Vaters mitzutragen und umzusetzen. Auch von den Kindern wird bedingungsloser Gehorsam erwartet.

Würden Sie sich in so einer Familie als Ehefrau oder Kind wohlfühlen? Sehen Sie so eine Familie als zukunftsfähig an? Wohl eher nicht.

Die Menschen vieler Länder leben aber derzeit in so einer "Familie". Die Familienoberhäupter heißen zum Beispiel Donald Trump, Wladimir Putin oder Xi Jinping. Sie fällen einsame Entscheidungen, die Auswirkungen auf Millionen Menschen in ihren Ländern haben und sanktionieren die Bevölkerung, wenn sie mit den Entscheidungen nicht zufrieden ist. Von der Executive, der Judikative und der Presse erwarten sie bedingungslose Unterstützung und sind nur zufrieden, wenn alles so läuft, wie sie es sich vorstellen.

Wie dringend ist die Lösung des Problems?

Nun mag mancher denken: Was ist dabei so schlimm, schließlich kamen diese Staatschefs alle durch demokratische Wahlen an die Macht. Jedes Volk bekommt den Herrscher, den es verdient.

Das mag grundsätzlich richtig sein, aber dadurch wird die Situation nicht erträglicher. Ja, es gab solche Zustände schon immer und sie waren für die Menschen in der Vergangenheit auch auszuhalten, weil der Einfluss der Herrscher begrenzt war. Seit Mitte der 80er-Jahre des letzten Jahrhunderts hat sich für die Menschheit aber eine ganz neue Situation ergeben: Durch die fortschreitende Globalisierung wirken sich die Entscheidungen der mächtigen Staatschefs nicht nur für das eigene Land, sondern für viele Länder aus, eventuell für die ganze Welt.

Außerdem haben sie die Möglichkeit, blitzschnell und hochwirksam andere Länder zu sanktionieren. Und von dieser neuen Wunderwaffe wird von einer bestimmten Art von Staatschefs immer mehr Gebrauch gemacht. Sie tun das natürlich nicht aus egoistischen Gründen, sondern erklären immer wortreich, dass dies alleine den legitimen nationalen Interessen ihres Landes diene.

Die jetzt schon gefährliche Situation kann irgendwann in naher Zukunft eskalieren. Handelsstreitigkeiten ufern aus und werden zu Handelsboykotten und dann zu Handelskriegen.

Uneinigkeit über die Angemessenheit der Militärausgaben führt zum Ausstieg aus internationalen Abkommen, vermeintliche Gefährdungssituationen führen zu endlosen Rüstungswettläufen und Differenzen hinsichtlich der Einschätzung von islamischen Staaten führen zu kriegerischen Auseinandersetzungen, die lokal beginnen und international enden.

Wie hoch ist die Wahrscheinlichkeit, dass das Problem auch ohne eine machtvolle Welt-Institution gelöst wird?

Man kann die aktuellen Missstände auf unserer Erde ohne Probleme auch an einzelnen Personen festmachen:

- Donald Trump ist ein notorischer Lügner, spaltet sein Land und entfacht Wirtschaftskriege, weil er als Egozentriker der Meinung ist, dass er sich alles erlauben kann. Alles außerhalb seiner Interessen ist für ihn nachrangig, er nimmt auch billigend in Kauf, dass die Welt durch sein Verhalten noch schneller in eine Klimakatastrophe gerät.

- Wladimir Putin setzt seinen Geheimdienst skrupellos gegen politische Gegner ein, lässt Wahlen in anderen Ländern manipulieren und ist eine Bedrohung für den Weltfrieden, da er offenbar die alte Sowjetunion mit aller Gewalt wiederherstellen will.

- Xi Jinping ist ein Staatschef, der Menschenrechte mit Füßen tritt und skrupellos das Ziel verfolgt, China als führende Weltmacht zu etablieren. Er hätte die Macht, den Krieg in der Ukraine zu beenden, macht es aber aus wirtschaftlichen Gründen nicht.

- Jair Bolsonaro lies den Regenwald abholzen, weil er nicht an die Welt dachte, sondern egoistische wirtschaftliche Interessen vertrat.

- Boris Johnson nahm einen "No-Deal-Brexit" in Kauf, obwohl Millionen von Bürgerinnen und Bürgern überzeugt waren, dass dies gravierende Nachteile für England haben wird.
- Matteo Salvini stand für eine menschenverachtende Asylantenpolitik, obwohl Italien aufgrund der geographischen Lage eine besondere humanitäre Verantwortung hat.
- Baschar al-Assad führte in Syrien von 2011-2024 einen mörderischen Krieg gegen sein eigenes Volk und bereicherte sich und seinen Clan.

und und und...

Die Missstände und Gräueltaten in vielen Ländern sind allen Politikern auf der ganzen Welt teils seit Jahrzehnten bekannt. Was hat sich seitdem daran geändert? Sehr wenig!

Ich gehe davon aus, dass auch die von mir geschilderten großen Probleme dieser Welt allen maßgeblichen Politikern wohlbekannt sind. Aber auch da muss ich fragen: Was wird getan? Sehr wenig! Und warum?

Weil unser System der autarken Staaten ein konzertiertes Handeln im Sinne des Wohles aller Staaten in die richtige Richtung nicht zulässt und die überstaatlichen Einrichtungen - wie die EU, die UN und die G7 - nicht genügend Macht haben.

23 EU-Staaten haben zwar jüngst ein neues Verteidigungsbündnis ("Pesco")[80] gegründet, dessen Aufgabe es u.a. sein soll, den Afrikanern zu helfen, in der Unruheregion Sahel für Stabilität zu sorgen und diese dann auch zu sichern, aber dieser Schritt in die richtige Richtung kann auch nur einen kleinen Teil der Probleme lösen. Eine militärische Lösung ist immer nur die zweitbeste Lösung.

---

[80] Quelle: Wikipedia "Pesco" (https://de.wikipedia.org/wiki/Pesco)

Welche Folgen sind zu erwarten, wenn die Problematik nicht gelöst wird?

Wenn es weiterhin unfähige Regierungen gibt, die nicht zur Lösung der Weltprobleme beitragen, sondern sie noch verschlimmern, werden die kommenden Generationen weltweit extrem darunter leiden müssen.

Wenn wir es nicht schaffen, dass Verbrechen gegen die Menschlichkeit auch auf den höchsten Regierungsebenen bestraft werden, verliert die Menschheit alle Glaubwürdigkeit.

Weiterhin werden dann viele Millionen Menschen in Ländern mit einer korrupten und unfähigen Regierung leben müssen. Weiterhin wird dann in vielen Staaten tagtäglich Unterdrückung, Korruption und Machtmissbrauch bestehen.

Ist die Lage hoffnungslos? Sind wir den Trumps und Putins dieser Welt hilflos ausgeliefert?

Ja, wenn wir nicht aus unseren normalen Denkmustern ausbrechen. Derzeit versuchen die anderen Staatschefs, gute Miene zum bösen Spiel zu machen. Sie verhandeln mit Trump und Co. als wären diese normalen vernünftigen Argumenten zugängliche Menschen. Sie beginnen mit Diplomatie und setzen auch ab und zu mal ein Holzschwert ein, aber scharfe Waffen bleiben Tabu. Das liegt nicht zuletzt daran, dass scharfe Waffen derzeit gar nicht existieren.

Was aber wären "scharfe Waffen"?

Ausgeprägte Narzissten und Egomanen wie Trump und Co. kann man nicht bekehren. Sofern sie sich nicht freiwillig in ärztliche Behandlung geben (das scheidet in den Fällen erfolgreicher Politiker wohl generell aus), kann man sie nur mit ihren eigenen Mitteln schlagen.

Grundsätzlich gibt es nach landläufiger Meinung zwei Möglichkeiten: Man überhäuft sie mit Lob und Anerkennung und hofft, dass sie dann aus Dankbarkeit das tun, was man sich von Ihnen wünscht oder man wartet ab, bis auch alle anderen Menschen erkannt haben, dass man sie nicht mehr unterstützen, sondern ihnen aus dem Weg gehen sollte.

Bei den "Big 3", die derzeit die Welt dominieren, scheint aber weder das eine noch das andere zu fruchten. Ich bin nicht der einzige, der absolut nicht versteht, warum 77 Millionen Amerikaner Donald Trump wiedergewählt haben…

Eine "scharfe Waffe" kann daher nur wirtschaftliche Stärke sein. Wenn man sich ansieht, dass das Bruttoinlandsprodukt (BIP) von Europa im Jahr 2025 rund 20 Billionen US-Dollar betrug und damit noch höher war als das von China (rund 19 Billionen US-Dollar), versteht man nicht, weshalb die EU sich weltweit so wenig durchsetzen kann.

Tatsächlich liegt es einfach daran, dass die EU nicht als geschlossene Gemeinschaft agiert, sondern einige bedeutende Länder nationale Interessen verfolgen und die Gemeinschaft dadurch deutlich schwächen. Damit sind wir wieder beim Thema "Narzissten und Egomanen".

Die EU könnte die Lösung sein, wenn sie es schaffen würde, dass alle Mitgliedstaaten zumindest in wirtschaftlichen Fragen an einem Strang ziehen. Dann wäre sie eine starke Gemeinschaft, die Russland, China und auch den USA Paroli bieten könnte. Ideen in diese Richtung gibt es seit längerer Zeit, aber sie wurden leider nie verwirklicht.

Auch die Vorschläge von Frankreichs Präsident Emmanuel Macron zur Stärkung der EU sind bekanntlich im Sand verlaufen…

Um gravierende Probleme mit Regierungschefs zu sehen, braucht man übrigens nicht einmal auf die "Big 3" zu schauen. Selbst in Europa brodelt es. Ungarns Premier Victor Orban, der sich immer mehr der Rechtsstaatlichkeit entzieht und humanitäre EU-Projekte in keinster Weise unterstützt, bestreitet seinen Haushalt zu fast 25 Prozent aus EU-Geldern. Dennoch kommt keiner auf die Idee, diese Finanzierung davon abhängig zu machen, dass die ungarische Regierung wieder auf EU-Kurs einschwenkt.

Unglaublich, oder?

Was würde sich konkret verbessern, wenn sich eine machtvolle Welt-Institution des Themas annehmen würde?

Die machtvolle Welt-Institution wäre ein Zusammenschluss von Staaten, die sich einem wirtschaftlichen "Ehrenkodex" verpflichten in dem Sinne, dass sie gemeinsam zum Wohl der Menschheit agieren werden, wenn globale wirtschaftliche Probleme gelöst werden müssen.

Jeder Staat kann Mitglied dieser Allianz werden, aber nur, wenn er dieses Ziel in seiner Verfassung festschreibt. Die Basis der Allianz könnten die im positiven Sinne global denkenden Mitglieder der EU und der UN sein.

Gegen so eine starke Gemeinschaft hätten auch ausgeprägte Narzissten und Egomanen keine Chance mehr...

Ein sinnvoller erster Schritt wäre dann, dafür zu sorgen, dass eine faire Basis für demokratische Wahlen besteht. Der große amerikanische Philosoph Noam Chomsky zum Beispiel ist der Meinung, dass das Ziel der Wahlwerbung weltweit sei, dass uninformierte Wähler irrational wählen.

Dies folgt dem gleichen Prinzip wie auch bei der Werbung für z.B. Haar-Shampoons oder Babywindeln. Nur dadurch schaffen es absolut unseriöse Personen wie Donald Trump, Millionen von Wählern zu begeistern.

Eine machvolle Welt-Institution könnte sicherstellen, dass in Wahlkämpfen weltweit die Stärken und Schwächen der Kandidaten und die Politik der Parteien objektiv dargestellt werden. Nur wenn die Fakten nicht mehr verschleiert werden, ist die Bevölkerung in der Lage, ihr Wahlrecht sinnvoll auszuüben.

Dann würde es sich auch erübrigen, dass die Kandidaten bzw. Parteien Millionen und Abermillionen in den Wahlkampf stecken (müssen).

Der zweite sinnvolle Schritt könnte sein, dass diese Institution nach und nach verbrecherische und korrupte Herrscher vor den neu zu gründenden "Weltgerichtshof" (vgl. Teil 3 des Buches) zitiert.

Aktuell sehen wir beim Prozess gegen den philippinischen Präsidenten Rodrigo Duterte wegen schwerster Verbrechen[81], dass der derzeitige Internationale Strafgerichtshof (IStGH) leider nur ein stumpfes Schwert ist. Zu einer Verurteilung wird es höchstwahrscheinlich nicht kommen, da die Philippinen nach Anklageerhebung angekündigt haben, aus dem IStGH auszutreten und der UN-Sicherheitsrat den IStGH nicht ermächtigt hat, sich einzuschalten.

Wenn der neu zu gründende "Weltgerichtshof" aktiv werden würde und das Mandat für alle Staaten hätte, könnten auch die Länder, deren Despoten abgelöst werden, mit neuen und besser

---

[81] Quelle: n-tv Politik, Beitrag vom 08.02.2018 (https://www.n-tv.de/politik/Strafgerichtshof-ermittelt-gegen-Duterte-article20275381.html)

geeigneten Herrschern aktiv dabei mitwirken, dass die Staatengemeinschaft die mehr als dringenden Weltprobleme gemeinsam und schnell lösen kann.

Noch wichtiger und wirksamer als das "kaltstellen" verbrecherischer, unfähiger und korrupter Politiker wäre aber, dass der Welt-Globalisierungsrat die Staaten auf Wunsch dabei unterstützen könnte, künftig Führungspersönlichkeiten mit "Best-Eignung" zu finden.

Welche Zielkonflikte gibt es?

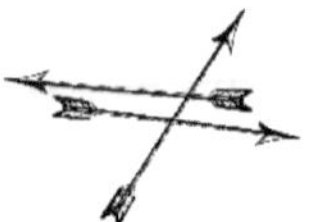

Das Ziel, dass weltweit an den Schaltstellen der Macht nur Menschen mit "Best-Eignung" sitzen, hat keinen Einfluss auf andere Ziele, das heißt, es entstehen nach meiner Einschätzung keine Zielkonflikte.

Vision 8:
Wir schaffen es, dass alle Menschen verantwortungsbewusst und empathisch miteinander umgehen

Im Teil 1 "Muss nur noch kurz die Welt retten" habe ich folgendes konstatiert:

"Schlecht sind nicht die Munition und die Waffen! Schlecht ist, dass sie zum Schaden anderer Menschen und für Kriegszwecke eingesetzt werden. Schlecht sind nicht die Börsen und die Banken! Schlecht ist, mit welcher Macht sie ausgestattet sind und nach welcher Philosophie sie agieren. Schlecht ist nicht das Geld! Schlecht ist, wie es eingesetzt wird. Schlecht sind nicht die Spitzen-verdiener und die Superreichen! Schlecht ist, wenn manche ihr Einkommen und Vermögen egoistisch nutzen. Was ist also das Problem? Das Problem ist der Mensch!"

Diese grundlegende Erkenntnis hat mir schlaflose Nächte bereitet, seit ich die erste Version meines Buches Anfang 2018 geschrieben habe. Erst mit der vierten Version Ende 2018 war ich in der Lage, einen Weg zu beschreiben, wie wir das Problem "Mensch" angehen könnten.

Ich bin kein Philosoph, erlaube mir aber dennoch, mit einigen philosophischen Gedanken zu beginnen:

Die Frage, wie man aus moralischer Sicht "richtig" leben sollte, beschäftigt uns Menschen bereits seit der Antike. Philosophen wie Sokrates und Platon hatten damals eine ganz dezidierte Auffassung, machten sich aber mit Ihrem Credo "Nur ein tugendhafter Mensch ist ein guter Bürger" bei der Obrigkeit überhaupt nicht beliebt. Auch Jesus von Nazareth kam mit seiner Heilsbotschaft "Du sollst deinen Nächsten lieben wie dich selbst" bei den römischen Herrschern nicht gut an. Dennoch haben sich in den letzten 2000 Jahren Religionen, die die Nächstenliebe propagieren, weltweit verbreitet.

Das Gegenstück dazu ist der Gedanke, dass sich - wie in der Natur - der Stärkere durchsetzen darf und muss.

Nachdem der britische Naturforscher Charles Darwin im Jahr 1859 seine Evaluationstheorie veröffentlicht hatte, wurde sein „Survival of the Fittest" immer wieder absichtlich oder unabsichtlich fehlinterpretiert und als "Recht des Stärkeren" ausgelegt.

Derzeit lebt die Menschheit im Zwiespalt von beiden Strömungen: Auf der einen Seite gibt es viele Bewegungen, die verantwortungsbewusst agieren und sich für die Menschheit bzw. die Erde uneigennützig engagieren, wie z.B. Greenpeace, Ärzte ohne Grenzen, Brot für Welt, SOS Kinderdorf und viele andere NGOs.

Auf der anderen Seite demonstrieren uns Donald Trump und ähnliche machthungrige Politiker täglich, dass sie bewusst egoistisch und rücksichtslos agieren und dabei offenbar nicht einmal ein schlechtes Gewissen haben.

Nun wäre das nicht ganz so schlimm, wenn diese Handlungen nur Auswirkungen auf ihr Land hätten. Aber das ist der Fluch unserer Zeit: Durch die Globalisierung werden nationale Herrscher wie Donald Trump zu einem "Weltproblem". Wenn er aus Ignoranz bzw. Unkenntnis z.B. das Pariser Klimaschutzabkommen aufkündigt, ist das nicht mehr nur ein Problem der USA, sondern ein Problem der gesamten Menschheit.

Aber es geht ja leider nicht nur um ihn. Wenn man sieht, dass viele Millionen Amerikaner ihn auch in seiner zweiten Wahlperiode immer noch unterstützen, weil sie sich persönliche Vorteile davon versprechen, ist das bezeichnend für den Egoismus in unserer Gesellschaft.

Auch in anderen Ländern müssen wir derzeit schmerzlich erleben, dass die Menschen kurzsichtig nur ihre eigene Situation im Blick haben und die Interessen der Umwelt bzw. der Erde vernachlässigt werden.

Was ich damit sagen will: Wenn wir die Welt retten wollen, brauchen wir künftig viel mehr Menschen, die uneigennützig denken und verantwortungsbewusst nach übergeordneten moralischen Prinzipien handeln.

Aber wie erreichen wir das? Schließlich werden wir doch alle zu Egoisten erzogen, oder? In der Schule darf man bei einer Klassenarbeit seinem Banknachbarn nicht helfen, auch wenn man die richtige Lösung weiß.

Im Beruf macht der Karriere, der sich gegenüber seinen Kollegen am besten durchsetzen kann.

In der Unternehmenswelt macht der Betrieb die größten Umsätze, der im harten Konkurrenzkampf seine Mitbewerber ausstechen kann.

Wie kann so eine Gesellschaft entstehen, bei der hohe moralische Grundsätze einen Wert darstellen?

Jetzt kommt wieder mein Vorschlag eines "Welt-Globalisierungsrats" ins Spiel. Nur so eine mächtige Organisation könnte weltweit die "moralischen" Weichen ganz neu stellen. Ich bin allerdings nicht so romantisch-verklärt, dass ich meine, dass sie dies von heute auf morgen tun könnte. Im Gegenteil: Da die derzeit in den Industrieländern lebenden Menschen zwangsläufig zu Egoisten erzogen wurden und werden, hätte selbst eine so mächtige Organisation keine Chance, dies sofort zu ändern.

Aber es gibt Hoffnung für die Zukunft: Wenn die machvolle Institution es erreichen würde, dass wir jetzt damit anfangen, in allen Schulen weltweit ein neues Wertesystem einzuführen (Details siehe unter: "Was würde sich konkret verbessern, wenn sich eine machtvolle Welt-Institution des Themas annehmen würde?"), würden die nächsten Genrationen eine bessere moralische Grundeistellung sozusagen mit der Muttermilch aufsaugen.

Meine Diagnose ist daher auch hier wieder eindeutig: Wenn wir es erreichen wollen, dass alle Menschen verantwortungsbewusst und empathisch miteinander umgehen, brauchen wir so etwas wie eine "Weltregierung".

Zum Abschluss dieses Kapitels komme ich nun zum letzten Mal zu den brennenden Fragen:

Was sind die Ursachen des Problems? Wie wichtig und wie dringend ist das Thema? Was könnte so etwas wie eine "Weltregierung" im Vergleich zu einzelnen Staaten oder Staatenverbünden besser machen? Was passiert, wenn wir nichts machen und einfach abwarten?

Ich werde versuchen, auf diese komplexen Fragen wieder kurze Antworten zu geben:

Was sind die Ursachen des Problems?

Für die Ursache-Wirkung-Bestimmung nutze ich wieder die „5-Why-Methode" (vgl. Vision 1).

Ausgangspunkt ist das Problem: „Menschen gehen nicht verantwortungsbewusst und emphatisch miteinander um".

(1) Warum ist das so?

Weil die meisten Menschen zum Egoisten erzogen werden (Elternhaus, Schule, Berufsleben).

(2) Warum ist das so?

Weil in vielen Fällen ein egoistisches Verhalten zu mehr Erfolg führt.

(3) Warum ist das so?

Weil die Gesellschaftssysteme in den meisten Ländern nicht auf Kooperation sondern Individualismus aufbauen.

Wie wichtig ist das Thema?

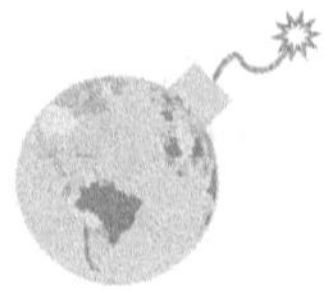

Für die seit der Antike diskutierte Frage "Nach welchen moralischen Grundsätzen sollte man sich als Mensch verhalten?" müssen wir in Zeiten der Globalisierung neue Antworten finden.

Und zwar gerade jetzt, wo rechtsradikale Gruppierungen für viele Bürgerinnen und Bürger vermeintlich naheliegende und attraktive Antworten liefern.

Das Thema betrifft daher nicht nur die US-Amerikaner, sondern die gesamte Menschheit.

Wie dringend ist die Lösung des Problems?

Da in unseren Elternhäusern, Schulen und Betrieben laufend Egoisten ausgebildet werden, können wir nicht früh genug damit anfangen, für die Zukunft umzusteuern.

Um die globalen Probleme zu lösen und den Fortbestand der Menschheit zu sichern, brauchen wir unbedingt ein neues (moralisch höherwertigeres) Wertesystem in unserer Gesellschaft, das auf Kooperation und nicht auf Individualismus aufbaut.

Wie hoch ist die Wahrscheinlichkeit, dass das Problem auch ohne eine machtvolle Welt-Institution gelöst wird?

Gibt es sie, die moralisch verantwortlich handelnden Beschäftigten, Führungskräfte und Politiker? In Deutschland wurde die soziale Marktwirtschaft nach dem 2. Weltkrieg mit viel Beifall eingeführt und immer wieder als Handlungsmaxime proklamiert, weil man sich der Gefahr bewusst war, dass eine reine Marktwirtschaft "unmenschlich" werden könnte.

Aber auch hier muss man heute erkennen, dass an der Wirtschaft kaum mehr etwas "Soziales" ist. Wie sollen in so einem System die Menschen uneigennützig handeln? Das wäre wirtschaftlicher Selbstmord. Es gab natürlich immer wieder Vorschläge zum Umbau unserer Wirtschaft, aber viele namhafte Wirtschaftswissenschaftler halten sie für nicht reformierbar.

Ich fürchte auch, dass die Lösung nicht aus dem System kommen kann, sondern nur von außen ("Wenn Du einen Sumpf trocken legen willst, dann darfst Du nicht die Frösche fragen").

Vorschläge für eine sozialere Marktwirtschaft gibt es genug, aber keine Regierung hat den Mut oder die Kraft sie rein national umzusetzen.

Ohne eine machtvolle Institution, die weltweit eine Änderung anstößt, wird sich daher leider nichts Grundlegendes ändern.

Welche Folgen sind zu erwarten, wenn die Problematik nicht gelöst wird?

Wenn wir weiter so agieren wie bisher, werden der Egoismus und die Intoleranz in der Gesellschaft noch mehr zunehmen. Begünstigt durch die Grenzen des Wachstums, die wir langsam aber sicher erreichen (siehe den Bericht an den Club of Rome aus dem Jahr 1972[82]), werden rechte Strömungen immer mehr Zuspruch bekommen. Das ist dann der Anfang vom Ende der Demokratie. Wir merken es alle schon täglich: Aggressionen nehmen zu, z.B. bei Demonstrationen (Stichwort "Gelbwesten" in Frankreich), bei Sportveranstaltungen (Stichwort "Hooligans") und sogar gegenüber Feuerwehrleuten und Rettungskräften.

Was würde sich konkret verbessern, wenn sich eine machtvolle Welt-Institution des Themas annehmen würde?

Der "Welt-Globalisierungsrat" könnte weltweit die "moralischen Weichen" ganz neu stellen:

In den Schulen würde es nicht mehr darum gehen, dass jeder Einzelne möglichst gute Noten schreibt, sondern es würde der Klassenverbund zählen. Jeder Schüler hätte die Aufgabe, sein Möglichstes dazu beizutragen, dass alle Schüler das Klassenziel erreichen. Nur daran würde der Erfolg gemessen. Erfolg würde dadurch neu definiert und sozusagen in einen moralischen Kontext gesetzt.

---

[82] Quelle: Wikipedia (https://de.wikipedia.org/wiki/Die_Grenzen_des_Wachstums)

Das wären gute Voraussetzungen, dass die Kinder dies verinnerlichen und sich als Erwachsene auch verantwortungsbewusster und uneigennütziger verhalten. Dieses System erfordert natürlich, dass alle Schüler/innen ein einigermaßen vergleichbar hohes Potential besitzen. Schüler/innen, bei denen sich zeigt, dass sie extrem gering oder auch extrem hoch begabt sind, müssten gesondert gefördert werden.

Wie unser deutsches Schulsystem drastisch verbessert werden könnte (und müsste), hat übrigens Richard David Precht bereits im Jahr 2014 in seinem lesenswerten Buch "Anna, die Schule und der liebe Gott: Der Verrat des Bildungssystems an unseren Kindern" ausführlich geschildert.

Der "Welt-Globalisierungsrat" wäre die einzige Institution, die dafür sorgen könnte, dass solche guten Vorschläge nicht nur in Deutschland, sondern auf der ganzen Welt nach und nach umgesetzt werden können.

In den Unternehmen müsste sich dieser Gedanke fortsetzen: Unternehmensziel wäre dann nicht mehr Gewinnmaximierung, sondern maximale Zufriedenheit der Beschäftigten (einschließlich Unternehmensführung) und der Kunden.

Dies klingt auf den ersten Blick nach hoffnungsloser Sozialromantik, ist aber in der Praxis durchaus machbar. Nicht bei allen Unternehmen, aber bei vielen.

Ein aktuelles Beispiel:
Die Augsburger Unternehmensgründern Sina Trinkwalder, Jahrgang 1978, hat mit ihrer Firma "manomama" das geschafft, was ein Finanzberater einer Bank als "unmögliches und zum Scheitern verurteiltes Vorhaben" eingestuft hätte[83]:

---

[83] Quelle: manomama "Die Story" (https://www.manomama.de/shop/story)

"Gewöhnlich liegt einer Unternehmensgründung eine neue Pro-
duktidee oder eine innovative Dienstleistung zugrunde.
Dazu sucht man sich dann die geeignete Mitarbeiterschaft und
führt das Vorhaben zum Erfolg. Bei manomama ist es anders.
Die Idee war und ist der Mensch. „Mensch, lass uns doch etwas
machen, wo wir Menschen, die sonst jede Firma ablehnt, eine
Chance geben, ihren eigenen Erwerb zu erwirtschaften und damit
wieder Teilhabe an unserer Gesellschaft zu ermöglichen", sagte
Sina Trinkwalder. Herauskam etwas, was heute unsere Kollegen
und Kolleginnen „Familie" nennen, Lieferanten und Kunden
„Freunde" und Sina „Lebensaufgabe": manomama".   (Ende des
Auszugs).

Ich frage Sie, liebe Leserin/lieber Leser: Wie kann man als Unter-
nehmer/in erfolgreicher sein und mehr Sinn stiften? Die Erfolgs-
story von "manomama" liest sich wie ein modernes Märchen, ist
aber Realität.

Sobald wir genügend Menschen haben, die nicht nach immer
mehr Konsum und Reichtum streben, könnte die machtvolle
Welt-Institution unser ganzes Wirtschaftssystem neu justieren:
Weg von der Gier nach immer mehr Wachstum und hin zu Indi-
katoren, die den Menschen echte Befriedigung bieten.

Ideen gibt es hier viele, es muss nicht gleich das "Bruttonationalglück"[84] des Staates Bhutan sein, aber in diese Richtung sollte es
gehen.

---

[84] Quelle: Wikipedia Bhutan (https://de.wikipedia.org/wiki/Bruttonatio-
nalgl%C3%BCck)

Welche Zielkonflikte gibt es?

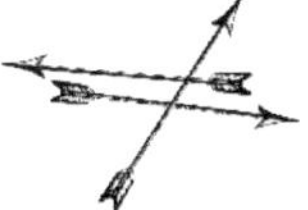

Das Ziel, dass alle Menschen verantwortungsbewusst und empathisch miteinander umgehen, hat nach meiner Einschätzung keinen Einfluss auf andere Ziele, das heißt, es entstehen keine Zielkonflikte.

Teil 3: Wie die Lösung aussehen könnte

Ich hoffe, ich habe Sie jetzt davon überzeugt, dass wir eine neue Weltordnung brauchen.

Alle acht Visionen haben etwas gemeinsam: Sie können weder durch einzelne Staaten, noch durch die EU und die UN, sondern nur durch eine kompetente, unabhängige und machtvolle Welt-Institution - die es derzeit leider noch nicht gibt - verwirklicht werden.

Sie werden aber zu Recht sagen, nur diese Forderung aufzustellen, hilft uns auch nicht viel weiter, auf diese Idee sind schon klügere Köpfe gekommen. Darauf bin ich natürlich vorbereitet und habe mir schon Gedanken gemacht, wie das alles konkret aussehen könnte. Ich bin mir aber bewusst, dass diese Inhalte - wenn es dann soweit ist - durch wesentlich kompetentere Menschen als mich verfeinert werden müssen.

Hier - sozusagen als "Anschubfinanzierung" - meine Gedanken:

Bei der **politischen/rechtlichen Verortung** einer Welt-Institution würde die Menschheit Neuland beschreiten.

Alle Regierungen der Erde basieren auf "Völkerrecht". Ein über Staatsgrenzen hinausreichendes Recht gibt es nur im Strafrecht. Bisher gibt es keine Organisation eines "Weltrechts". Auch die UN arbeiten nicht auf so einer Grundlage, sie sind „nur" eine supranationale Organisation.

Der "Welt-Globalisierungsrat" wäre die erste Organisation auf der Basis von Weltrecht. Er müsste im Rahmen einer Konferenz von möglichst vielen Staaten einvernehmlich geschaffen werden. Notfalls auch ohne die USA (das ist nicht unrealistisch, denn auch ein internationaler Strafgerichtshof wurde trotz des Widerstandes der USA von 60 Staaten ratifiziert) und notfalls auch ohne China.

Die **Aufgabe** eines "Welt-Globalisierungsrats" wäre:

- Alle Themen/Probleme identifizieren, die die ganze Welt betreffen und nur global gelöst werden können.

- Alle vorhandenen Fakten und Lösungsideen zu diesen Themen/Problemen unabhängig und unparteiisch auswerten. Bei Bedarf neue Fakten erheben und hierbei konsequent die Beteiligung von Lobbyisten ausschließen, d.h. nur nachweislich unabhängige Experten befragen bzw. beauftragen.

- Sofern es zu einzelnen Themen noch keine erfolgversprechenden Lösungsideen gibt, als "Innovationsmotor" fungieren. Das heißt, die Zusammenarbeit der weltweit wichtigsten Experten und Praktiker zu diesen Themen organisieren.

- Die richtigen globalen Schlüsse aus den unstrittigen Fakten ziehen, d.h. Welt-Ziele zu diesen Themen/Problemen formulieren.

- Für jedes Land sinnvolle individuelle, anspruchsvolle und erreichbare Ziele entsprechend der Relevanz des Themas bei dem jeweiligen Land ableiten.

- Die Regierungschefs aller Staaten verpflichten, alles zu tun, um diese Ziele zu erreichen.

- Die Zielerreichung regelmäßig überwachen.

- Länder, die bei der Zielerreichung Probleme haben, durch know-how unterstützen und - sofern die Finanzlage die Zielerreichung verhindert - Unterstützungszahlungen aus anderen Ländern oder aus einem globalen Finanztopf organisieren.

Die **Vision** eines "Welt-Globalisierungsrats" wäre, eines Tages überflüssig zu sein, weil alle Länderregierungen die gemeinsamen Ziele der Erdbevölkerung verinnerlicht haben und sie eigenständig und gut umsetzen.

Die **Aufbauorganisation** eines "Welt-Globalisierungsrats" könnte
so aussehen, dass Vertreter der sechs bewohnten Kontinente die
folgenden Einheiten ("Säulen") bilden:

Forschungs- und Analysezentrum
Kreativzentrum
Computerzentrum
Finanz- und Verwaltungszentrum
Umsetzungsbereich
Weltgerichtshof

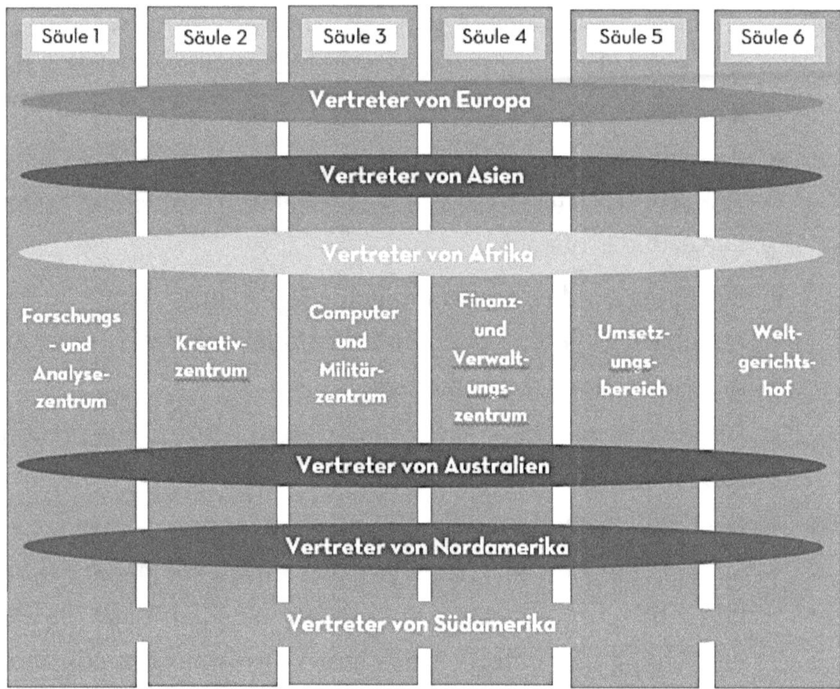

Damit eine weltweite Akzeptanz der Institution erreicht wird, müssen alle Kontinente in den "Säulen" vertreten sein.
Der puristische Ansatz wäre, jedem Kontinent die gleiche Anzahl von Vertretern zuzubilligen. Hier wäre aber zu erwarten, dass sich die flächenmäßig großen Kontinente (Asien, Afrika und Nordamerika) benachteiligt fühlen.

Alternativ könnte man die Verteilung entsprechend der Verteilung der Weltbevölkerung auf die Kontinente vornehmen. Dann würden aber z.B. auf Asien 60%, Afrika 16% und Nordamerika nur 5% entfallen[85].

Das würde aber wohl auch nicht auf breite Akzeptanz stoßen, da hierbei die Wirtschaftsleistung außer Betracht bliebe.

Ein weiterer denkbarer Ansatz wäre die Verteilung nach dem Bruttoinlandsprodukt (BIP). Dies würde zu einer ganz anderen Verteilung führen, dann würden Europa und Nordamerika die meisten Vertreter bekommen.

Ich will hier keine Lösung präferieren, aber liebe Leserin, lieber Leser, Sie sehen, das ist eine wichtige Frage, die im Vorfeld zu klären wäre.

---

[85] Quelle: statista.com, Deutsche Stiftung Weltbevölkerung, WHO (https://www.dsw.org/weltbevoelkerung/ und www.laenderdaten.de)

Wie könnte der "Welt-Globalisierungsrat" in das bestehende System (Staaten/EU/G7/G20/UN) eingebaut werden?

Die G7 (Abkürzung für Gruppe der Sieben) ist ein informeller Zusammenschluss der zu ihrem Gründungszeitpunkt bedeutendsten Industrienationen der westlichen Welt in Form regelmäßiger Gipfeltreffen der Staats- und Regierungschefs. Das Forum dient dem Zweck, Fragen der Weltwirtschaft zu erörtern. Dem Gremium gehören Deutschland, Frankreich, Italien, Japan, Kanada, das Vereinigte Königreich und die USA an.

Die EU hat nur einen Beobachterstatus. Die Gruppe wurde 1975 etabliert durch die Aufnahme Russlands zur G8 erweitert. Im Jahr 2014 schlossen die anderen Mitglieder Russland aufgrund der Annexion der Krim aus und kehrten zum Format der G7 zurück[86].

Die G7 kann schon deshalb nicht so etwas wie ein "Welt-Globalisierungsrat" sein, weil nur Staaten der westlichen Welt vertreten sind. Auch hat die G7 keine formale Macht, selbst einstimmige Beschlüsse/Programme werden oft nicht umgesetzt.

Die G20 (Abkürzung für Gruppe der Zwanzig) repräsentieren zwar die wichtigsten Industrie- und Schwellenländer, aber es handelt sich hierbei nur um einen informellen Zusammenschluss von 19 Staaten und der EU.

Eine machtvolle Welt-Institution können sie mangels gemeinsamer Zielrichtung und mangels Wirksamkeit ihrer Beschlüsse nicht sein. Dass die G20 gar nicht anstrebt, ein „Welt-Globalisierungsrat" zu sein, der sich für die globalen Belange der Menschheit einsetzt, zeigt die aktuelle Entwicklung:
Im Mai 2020 erschien eine dpa-Meldung, wonach die Industrieländer der G20 immer noch Milliarden öffentlicher Gelder in umweltschädliche Kohle-, Gas- und Ölprojekte stecken.

---

[86] Quelle: Wikipedia G7 (https://de.wikipedia.org/wiki/G7)

Seit dem Abschluss des Pariser Klimaschutzabkommens waren dies jährlich rund 70 Milliarden Euro[87].

Das ist in höchstem Maße bedenklich, da die G20 zwei Drittel der Weltbevölkerung, 85 Prozent der globalen Wirtschaftsleistung und 75 Prozent des Welthandels vereint.

Die UN ist zwar eine supranationale globale Organisation, da sie immerhin 193 Mitgliedstaaten hat. Sie ist aber noch weit entfernt von so etwas wie einer "Weltregierung", da einzelne Staaten die UN handlungsunfähig machen können und auch die UN kein Mandat hat, um Projekte durchzusetzen, die für das Fortbestehen der Menschheit unbedingt erforderlich sind, siehe Klimaerwärmung.

Das neue machtvolle Gremium sollte daher kein Teil der UN sein, sondern eine eigenständige Institution, die als Alleinstellungsmerkmal den Auftrag zur Lösung der globalen Probleme der Menschheit hat.

Da jedes Thema spezifische Besonderheiten vorweist, sind Spezialisten-Teams (Säulen 1-5) erforderlich.

Parallel zum Aufbau dieser Institution könnten die EU und die UN abgebaut werden, damit sich Zuständigkeiten nicht überschneiden und Bürokratie reduziert wird.

Hier eine vergleichende Übersicht:

---

[87] Quelle: Studie der Organisationen „Friends of the earth" und "Oil change international", dpa-Meldung vom 28.05.2020

Vereinte Nationen (UN)	Welt-Globalisierungsrat mit Weisungsbefugnis
Supranationale Regierungsorganisation mit Vertretern der Mitgliedsländer.	Unabhängige, überparteiische und demokratisch legitimierte Institution, welche die anerkannt höchste Kompetenz bei den "Weltthemen" besitzt. Sie setzt sich aus gewählten Vertretern der sechs bewohnten Kontinente zusammen.
Durch Resolutionen und Militäreinsätze soll der Weltfrieden gesichert werden. Einzelne Staaten können die UN handlungsunfähig machen („Vetorecht" im Sicherheitsausschuss).	Durch Weitsicht und Kompetenz soll die Zukunft der Menschheit gesichert werden. Die Lösungsvorschläge sind für alle Staaten verbindlich (daher "mit Weisungsbefugnis") und können nicht vom UN-Sicherheitsrat blockiert werden.
Weltweit insgesamt etwa 53.000 Beschäftigte. Zu den Sitzungen kommt aus jedem der 193 Mitgliedsländer ein Vertreter.	Kleine Einheit mit etwa 300 ständig Beschäftigten. Dazu kommt der "Weltgerichtshof".

Die neue Welt-Institution muss vier Eigenschaften besitzen, um erfolgreich zu sein:

1. Welt-Legitimation

Ich schreibe mein Buch aus Sicht eines Europäers mit all dem entsprechenden geschichtlichen Hintergrund und der spezifischen europäischen Denkweise. Eine "Welt-Institution" muss aber für alle Kontinente denken und handeln können. Dies kann nur über eine konsequent multinationale Zusammensetzung erreicht werden. Jeder Kontinent muss seine Kultur, seine Denkweise und seine Maßstäbe adäquat einbringen können.

Der Erfolg einer solchen Einrichtung ist aber nicht nur davon abhängig, wer die Ziele und Lösungsvorschläge erarbeitet hat und wie gut sie sind, sondern auch, wie hoch die Akzeptanz bei den Länderregierungen ist. Diese müssen letztendlich dafür sorgen, dass sich die Menschen in ihren Ländern so verhalten, dass die Lösungen auch tatsächlich wirksam werden und nachhaltig sind. Alle Ziele/Lösungsvorschläge müssen daher so gut vorbereitet werden, dass eine maximale Akzeptanz entsteht.

Erfolgsentscheidend ist, dass zwar Ziele vorgegeben werden, aber nicht, wie sie zu erreichen sind. Das muss der Entscheidungsfreiheit der einzelnen Staaten überlassen bleiben.

Innerhalb der Staaten muss es natürlich genauso laufen. Die Regierungen würden den einzelnen Branchen (Automobilindustrie, Landwirtschaft, Flugverkehr usw.) heruntergebrochene Ziele vorgeben, aber es ihnen überlassen, auf welche Art sie diese erreichen.

Diese Entscheidungsfreiheit hinsichtlich des Weges zur Zielerreichung ist extrem wichtig. Es gibt - leider - genug aktuelle Beispiele, wie Menschen reagieren, wenn vermeintlich über ihren Kopf hinweg entschieden wird:

- Obstbauern, die ihre eigenen Apfelbäume fällen, weil sie befürchten, dass durch eine Naturschutzverordnung ihre Nutzungsrechte eingeschränkt werden.

- Hausbesitzervereine, die ihre Mitglieder in Städten mit bereits völlig überteuerten Mietpreisen dazu aufrufen, die Mieten noch schnell zu erhöhen, weil die Stadtverwaltung in Kürze eine Mietpreisbrems einführen will.

- Bürger, da unter Einsatz von roher Gewalt dagegen demonstrieren, dass ihre Regierung als Maßnahme gegen den Klimawandel eine Erhöhung des Spritpreises durchsetzen will.

Diese erschreckenden Beispiele mögen für viele Menschen absurd erscheinen, aber es ist leider die Realität, in der wir leben und die wir bei allen Veränderungsvorschlägen einkalkulieren müssen.

2. Welt-Kompetenz

Die Männer und Frauen in einer „Welt-Institution" müssen über die "Best-Eignung" für ihre Aufgabe verfügen und kompetent, uneigennützig und unabhängig die berechtigten Interessen aller Menschen auf der Erde vertreten:

- Analytiker und Forscher, die alle relevanten Fakten für die zu lösenden Probleme beschaffen und validieren.

o Kreative, die in der Lage sind, neue Ideen für die Welt zu entwickeln (hier brauchen wir z.B. auch Schriftsteller, denn die lagen bei der Prognose, was die Menschheit technisch erreichen wird, in den letzten 100 Jahren oft richtiger als Wissenschaftler, siehe Jules Verne).

o Generalisten (z.B. Philosophen), die vernetzt denken und trotz länderspezifischer Besonderheiten global sinnvolle Problemlösungen finden können.

o Fachleute, die auf dieser Basis die Details planen und umsetzungsreif vorbereiten.

o Computerspezialisten, die in der Lage sind, alle Hacker-Angriffe auf das Computersystem des Welt-Globalisierungsrats abzuwehren und gleichzeitig bei Bedarf in alle bestehenden Systeme eventueller „Angreifer" eindringen können.

o Finanzspezialisten, die sicherstellen, dass der Welt-Globalisierungsrat über ausreichende Geldmittel verfügt und diese gerecht von allen Ländern entsprechend ihrer finanziellen Leistungsfähigkeit zur Verfügung gestellt werden.

o Diplomaten und Marketingspezialisten, die in der Lage sind, alle Lösungsvorschläge so schlüssig und überzeugend aufzubereiten, dass die Staatsregierungen sie schnell und zielorientiert umsetzen können.

Der derzeitige Internationale Gerichtshof würde das Mandat eines "Weltgerichtshofs" bekommen (mit erweiterten Kompetenzen) und dem "Welt-Globalisierungsrat" angegliedert werden.

Allerdings darf es nicht mehr so sein, dass er nur in Streitfällen zwischen Staaten entscheidet, die seine Gerichtsbarkeit anerkennen, sondern er muss ein Mandat für alle Staaten der Welt bekommen, also einen echten Weltgerichtshof darstellen.

Für die Themengebiete (fünf Säulen) besteht jeweils ein Team von 60 Personen, dabei von jedem Kontinent zehn Menschen (das ist nur ein unverbindlicher Vorschlag!).

Damit wäre die machtvolle Welt-Institution eine kleine Einheit von ungefähr 300 ständig beschäftigten Personen. Hinzu kommt der "Weltgerichtshof".

Um diese kleine Anzahl von in Teams zusammenarbeitenden Menschen so auszuweiten, dass eine solide demokratische Basis entsteht und dadurch wirklich die Belange der gesamten Menschheit vertreten werden, müssen sich alle Beschäftigten mit Personen ihres Vertrauens in möglichst vielen Ländern vernetzen. Dadurch können sie ständig auf aktuelle und valide Informationen von Augen- und Ohrenzeugen zurückgreifen und müssen sich nicht alleine auf die Medien verlassen.

Insbesondere die Diplomaten und Marketingspezialisten benötigen ein sehr gutes Netzwerk innerhalb der Länderregierungen, um sicherzustellen, dass die vorgeschlagenen Lösungen auch praktikabel sind und richtig umgesetzt werden können.

Alle Akteure müssen auf die jeweils fortschrittlichste technische Unterstützung zurückgreifen können (State-of-the-art-IT mit KI-Unterstützung) und müssen in dieser Hinsicht allen Landesregierungen überlegen sein.

3.   Hohe Moral und Empathie

Als Beschäftigte kommen nur Menschen in Frage, die bewiesen haben, dass sie hohen moralischen Ansprüchen genügen. Sie müssen ein Gespür dafür haben, was für die Menschheit gut ist und ihre eigenen Interessen dem Gemeinwohl unterordnen können.

Außerdem müssen sie in der Lage sein, über ethnische Grenzen hinweg mit allen Menschen aller Rassen gut zusammenzuarbeiten.

Da Frauen in Machtpositionen anders denken und handeln als Männer und beide Denkweisen wichtig sind, sollte eine Frauenquote von 50% angestrebt werden.

4. Macht

Da - sofern man das vorgeschlagene Verfahren umsetzt - die Lösungsvorschläge auf einer sehr breiten Basis erarbeitet wurden, dürfte die Akzeptanz bei den Länderregierungen grundsätzlich hoch sein.

Dazu kommt, dass alle Länder, die Probleme bei der Umsetzung der Ziele haben, von der Staatengemeinschaft unterstützt werden würden.

Könnte eine Regierung z.B. ihre CO_2-Reduzierungsziele nicht erreichen, weil noch zu viel Braunkohle verfeuert wird und dies kurzfristig nicht geändert werden kann, würden die reichen Industriestaaten verpflichtet werden, durch High-Tech-Filteranlagen die Zeit bis zum machbaren Umstieg auf regenerative Energie in diesen Ländern zu überbrücken. Der weltweite Technologietransfer wäre also immer das erste Mittel der Wahl.

Damit die Lösungsvorschläge auch schnell und umfassend durch Länderregierungen umgesetzt werden, die vorrangig an ihr eigenes Land und weniger an die Zukunft unserer Welt denken, muss die Welt-Institution aber auch physische Macht besitzen und sie in drei Eskalationsstufen ausüben können:

Stufe 1: Ausgleichszahlungen
Stufe 2: Sanktionen
Stufe 3: IT-Einsätze

Stufe 1 betrifft alle Staaten, die die vorgegebenen Ziele nicht erreichen, weil sie - z.B. durch falsche Rücksichtnahme auf Lobbyisten der Industrie - keine ausreichenden Maßnahmen durchführen. Es werden automatisch finanzielle Ausgleichszahlungen fällig. Die Einnahmen werden zur globalen Zielerreichung verwendet.

Schafft es ein Land z.B. nicht, den nationalen CO_2-Ausstoß zu reduzieren, werden durch die Ausgleichszahlungen globale Projekte zur CO_2-Reduzierung finanziert.

Stufe 2 betrifft Staaten, die sich ausdrücklich weigern, die vom "Welt-Globalisierungsrat" vorgegebenen Ziele umzusetzen. Hier ist sehr vieles denkbar, z.B. können die Auslandskonten der Regierungsmitglieder und regierungsnahen Unternehmen gesperrt werden, Exportzölle eingeführt, Exporte und Importe unterbunden oder Flugverbindungen eingeschränkt werden. Art, Umfang und Dauer würde der "Welt-Globalisierungsrat" im Einzelfall festlegen.

Stufe 3 bedeutet schwere Eingriffe in die Regierungsfähigkeit des entsprechenden Landes. Sie würde daher nur bei Ländern eintreten, die uneinsichtig dauerhaft nicht bei der Lösung der globalen Probleme der Menschheit mithelfen wollen, aber „Systemrelevant" sind. Hier wäre natürlich im Hinblick auf das Risiko einer eventuell zu einem Krieg führenden Auseinandersetzung immer abzuwägen, ob solche Eingriffe angemessen sind.
Dem derzeitigen UN-Sicherheitsrat steht zwar eine eigene Armee ("Blauhelme") zur Verfügung. Um unkooperative Länder dazu zu

bringen, dass sie ihren Egoismus zugunsten der Zukunft der gesamten Erde aufgeben, braucht es aber mehr. Die "Macht" der Welt-Institution sollte darin bestehen, dass das Computerzentrum über das Know-how verfügt, in alle IT-Systeme auf der Welt einzugreifen und dadurch Regierungschefs als "Ultima Ratio" regierungsunfähig zu machen. Dadurch können sie isoliert werden. Auch könnten eventuelle gegen das Gremium geplante militärische Aktionen vereitelt werden. Im Computerzentrum müssten die besten IT-Spezialisten der Welt sitzen.

Vorbild wäre das 2014 gegründete "Project Zero"[88] von Google und das Unternehmen "HackerOne"[89], das Chris Evans im Jahr 2015 aufbaute, getreu dem Motto "Wir wollen, dass die Besten der Welt im Interesse der Allgemeinheit arbeiten".

Falls bei Ihnen, liebe Leserin, lieber Leser jetzt ein gewisses Unbehagen auftaucht:

Nein, die von mir empfohlene "Macht" hat nichts mit einer Diktatur zu tun. Wenn ich von "so etwas wie eine Weltregierung" spreche, hat das überhaupt nichts mit einer diktatorischen umfassenden Weltherrschaft zu tun, wie sie die Römer in der Antike, die Kaiser des "Heiligen Römischen Reiches" im Mittelalter oder die Nationalsozialisten in der Neuzeit anstrebten.

Auch liegt es mir absolut fern, eine "Totalitäre Demokratie" zu fordern.

Auf den ersten Blick gehen zwar Merkmale eines Welt-Globalisierungsrats wie "Zentrales Kompetenzzentrum mit weitreichenden

---

[88] Quelle: golem.de, IT-News für Profis, Artikel vom 15.07.2014 (https://www.golem.de/news/project-zero-google-baut-internet-sicherheits-team-auf-1407-107894.html)

[89] Quelle: brandeins Wirtschaftsmagazin Artikel von Lars Jensen, 2015 (https://www.brandeins.de/magazine/brand-eins-wirtschaftsmaga-zin/2015/geschwindigkeit/hacker-der-hoffnung)

Entscheidungsmöglichkeiten", "Weltweite Reichweite der Entscheidungen" und "Sanktionsmöglichkeiten" in diese Richtung.

Aber es gibt ganz grundsätzliche Unterschiede:

Der Totalitarismus stellt eine diktatorische Form der Herrschaft dar und ist zutiefst menschenverachtend.

Der Welt-Globalisierungsrat wäre genau das Gegenteil: Demokratisch legitimiert und keiner Person oder einem Gremium, sondern alleine dem Wohl der Menschheit verpflichtet.

Die zentrale Komponente und die Sanktionsmöglichkeiten sind nur deshalb erforderlich, damit die künftige Welt-Institution nicht wie die derzeitige UN ohnmächtig zuschauen muss, wenn einzelne skrupellose Herrscher nicht bereit sind, an der Lösung von Problemen mitzuarbeiten, die von einer kompetenten, unabhängigen und unparteiischen Instanz als für die Zukunft unserer Erde existenziell eingestuft wurden.

Er wäre auch keine "Öko-Diktatur", denn die Basis und die Umsetzung sind demokratisch. Die Vorgaben des "Welt-Globalisierungsrats" wären nichts anderes als Umweltgesetze, wie sie auch derzeit schon in jedem Land mehr oder weniger umfassend beschlossen werden. Der einzige Unterschied zum derzeitigen Zustand wäre, dass diese Gesetze nicht nur für ein Land, sondern für die ganze Welt gelten würden.

Natürlich muss man sorgfältig darauf achten, dass keine "elitäre Technokrateninstitution" entsteht, das würde dem repräsentativen Parlamentarismus widersprechen.

Aber ich glaube, dass dieser Gefahr durch die sorgfältige Auswahl der Mitglieder (vgl. den Abschnitt "Die neue Welt-Institution muss vier Eigenschaften besitzen, um erfolgreich zu sein") wirksam begegnet werden kann.

Richard David Precht, der bekannte Querdenker (im positiven Sinne), Philosoph und Schriftsteller hat übrigens die deutsche "Fridays-for-Future"-Aktivistin Carla Reemtsma in ihrer aktiven Zeit in einem YouTube-Gespräch gefragt, ob die Demokratie mit einem Thema wie dem Klimawandel nicht überfordert sei und wir eine "Öko-Diktatur" bräuchten.

Frau Reemtsma hat verlegen gelächelt und so etwas wie "Ich glaube schon, dass die Demokratie das leisten kann…" geantwortet, aber man hat deutlich gemerkt, dass "Fridays for Future" sich mit diesem Thema überhaupt noch nicht befasst haben.

Der Welt-Globalisierungsrat wäre selbstverständlich - wie jede andere politische Einheit - der Rechtsprechung des "Welt-Gerichtshofs" unterworfen. Auch das ist ein eindeutiges Merkmal einer demokratischen Instanz.

Nun eine weitere wichtige Frage, die Sie als Leserin/Leser wahrscheinlich schon längst im Kopf haben:
Wie kommen wir zu solchen Menschen, wie sie unter den Ziffern 2 und 3 beschrieben sind?

Ja, das ist die „Gretchenfrage".

Wir brauchen Menschen, die selbstlos, unabhängig und weltoffen sind und gleichzeitig aber auch über hohe intellektuelle und fachliche Fähigkeiten verfügen.
Dies werden in der Regel keine Berufspolitiker und Vorstände von großen Unternehmen sein, außer sie haben in der Vergangenheit gezeigt, dass sie dennoch uneigennützig und unabhängig für die Belange der Menschheit eintreten können. Und da gibt es gottseidank einige …
Es müssen auch nicht offizielle Vertreter von Staaten sein, denn diese Menschen sollen gerade nicht für ihre Herkunftsländer sprechen, sondern die Gesamtinteressen der Erde vertreten. Dieser Perspektivenwechsel wäre sehr herausfordernd.

Wichtig erscheint mir aber, dass alle Kontinente vertreten sind. Ich bin davon überzeugt, dass es auf der ganzen Welt tausende von geeigneten Bewerbern gibt.

Neben anerkannt befähigten Wissenschaftlern denke ich auch an die vielen Frauen und Männer, die tagtäglich beweisen, dass ihnen die Zukunft unserer Erde am Herzen liegt, indem sie sich in einer der über 9000 existierenden NGO's (Nicht-Regierungsorganisationen) in Führungspositionen für entsprechende Projekte engagieren. Zum Beispiel bei Amnesty International, Greenpeace, Brot für die Welt, Care, Human Rights Watch, Ärzte ohne Grenzen, BUND und Terre des Hommes.

Wie diese Menschen gewählt werden, muss im Einvernehmen mit der Staatengemeinschaft festgelegt werden. Ein demokratisches Verfahren muss aber die Grundlage sein.

Wichtig ist auch, dass alle Beschäftigten so gut bezahlt werden, dass sie finanziell absolut unabhängig und dadurch unbestechlich sind.

Wohlgemerkt: All das sind nur meine unverbindlichen Ideen.

Eine der ersten Aufgaben des neuen Gremiums wird es sein, zu den oben angesprochenen Themen trag- und konsensfähige Lösungen zu finden.

Teil 4: Wie wir die Lösung erreichen können

Und jetzt folgt der wichtigste aber zugleich schwierigste Teil dieses Buches:

Wie können wir es erreichen, dass die Staatengemeinschaft eine solch mächtige Institution zulässt oder sie sogar will und zeitnah aufbaut?

Hier muss ich nochmals ausholen:

Die Erde ist EIN Planet und seine Bewohner sind durch die Globalisierung mittlerweile untrennbar miteinander verbunden, allein schon durch die Auswirkungen von Klimaveränderungen. Dennoch gibt es Hunderte von Länderregierungen, die ihre eigenen (oft egoistischen) Ziele verfolgen. Ist das nicht paradox?

Obwohl es bereits nach den beiden Weltkriegen ernsthafte Bemühungen gab, eine zentrale Institution zu schaffen, die für die Sicherung des Weltfriedens, die Einhaltung des Völkerrechts, den Schutz der Menschenrechte und die Förderung der internationalen Zusammenarbeit zuständig sein sollte, kam das nie zustande. Die kurz nach dem Zweiten Weltkrieg gegründeten Vereinten Nationen, englisch United Nations (UN), sind zwar ein zwischenstaatlicher Zusammenschluss von immerhin 193 Staaten, das System hat aber gravierende Schwachstellen, die ein echtes Regieren der Welt unmöglich machen:

Auch die in den Vereinten Nationen zusammengeschlossenen Regierungen agieren weiterhin nationalistisch. So können z.B. die fünf ständigen Mitglieder des Sicherheitsrats Beschlüsse blockieren, die sie selbst negativ betreffen würde.

Das ist historisch bedingt, da man Unionspolitik und keine Machtpolitik betreiben wollte. Das war damals ein vernünftiger Gedanke, aber es hat sich gezeigt, dass diese gut gemeinte Beschränkung dazu führte, dass der Sicherheitsrat ein "zahnloser Tiger" ist.

Hinzu kommt, dass auch in den Fällen, in denen Einigkeit besteht, die Vereinten Nationen trotz der vielen Mitgliedstaaten keine wirkliche Macht haben, um Beschlüsse final durchzusetzen.

Kein Staat ist gezwungen, sich nach den Beschlüssen der UN zu richten. Auch wenn die UN dann als Folge Sanktionen verhängt oder ihre "Blauhelme" einsetzt, sind diese nur sehr begrenzt wirksam.

Die naheliegende Idee wäre daher, die UN so aufzuwerten, dass sie die oben geschilderten Anforderungen an eine "Welt-Institution" erfüllen kann.

Das wäre aber nach meiner Auffassung nicht der richtige Weg. Die UN ist ein gigantischer Apparat mit über 50.000 Beschäftigten. Die Größe ergibt sich aus der Vielfalt der Aufgaben. Ein "Welt-Globalisierungsrat" hätte aber nur eine Aufgabe: Sich auf allerhöchster Ebene um die existentiellen Probleme der Menschheit zu kümmern, die national nicht gelöst werden können. Es wäre daher einfacher, ein neues Gremium zu gründen und die UN entsprechend abzuspecken. Auch hinsichtlich der personellen Besetzung ist das eigentlich unumgänglich, denn es werden die wenigsten Beschäftigten der UN dafür geeignet sein, im "Welt-Globalisierungsrat" zu sitzen.

Ich möchte die Problematik gerne anhand einer Analogie erläutern:

Die Staatengemeinschaft ist wie eine Schulklasse: Es gibt immer einen Starken, der versucht Schwächere zu terrorisieren. Er wird dabei auch Erfolg haben, weil sich einige der Schwächeren auf seine Seite schlagen werden und der Rest der Klasse uneins ist. Die Wende kann nur kommen, wenn sich der Rest der Klasse zusammenschließt und gemeinsam entschlossen gegen die Störer vorgeht.

So erlebt es die reale Welt mit Russland, den USA und China. Derzeit sind sie die Starken, die den Rest der Welt nach Belieben terrorisieren können.

Russland annektiert die Krim und als Putin merkt, dass die Weltgemeinschaft dies akzeptiert, versucht er sich durch einen Angriffskrieg auch noch den Rest der Ukraine einzuverleiben.

Die USA verhängen aus wirtschaftlichen Gründen („America First") Handelssanktionen gegen viele Länder auf der ganzen Welt und fast ganz Europa. Durch die Macht, die dahintersteht, hat ein einziges Land keine Chance, dagegen aufzubegehren.

China setzt Länder unter Druck, die ihre politische Führung in Frage stellen. Bei Menschenrechtsverletzungen oder bei Aufklärungswünschen zu den Hintergründen der COVID 19-Pandemie bekommen westliche Länder die wirtschaftliche Macht Chinas zu spüren und müssen klein beigeben.

Derzeit kämpfen die Supermächte noch gegeneinander (siehe den seit Anfang 2018 bestehenden Handelsstreit zwischen den USA und China[90]), aber das kann sich schnell ändern.

Es macht daher keinen Sinn, wenn einzelne Staaten gegen China oder die USA „kämpfen", sie werden unterliegen. Eine Chance besteht nur, wenn sich der Rest der Welt in einer supranationalen Organisation zusammenschließt und mit seiner geballten Wirtschaftsmacht gegen den Wirtschaftsterror dieser Großmächte vorgeht.

---

[90] Quelle: Wikipedia (https://de.wikipedia.org/wiki/Handelskonflikt_zwischen_den_Vereinigten_Staaten_und_der_Volksrepublik_China)

Die UN kann das leider nicht sein.

Wir brauchen daher eine neue zentrale Institution, die sich nicht nur uneigennützig um das Wohl der gesamten Menschheit kümmert, sondern auch die Macht hat, Beschlüsse unabhängig von der Auffassung von einzelnen Ländern und deren Regierungen durchzusetzen.

Pessimisten werden jetzt sagen, das ist eine für Menschen unlösbare Aufgabe, dazu bräuchte es eine außerirdische Macht, die den Erdenbewohnern drastisch vor Augen führt, dass sie nur gemeinsam überleben können. So wie man es in manchem Science-Fiction-Film schon gesehen hat...

Ich bin aber Optimist. Ich glaube, dass man das Ziel auch ohne außerirdische Hilfe erreichen kann, wenn es nur sehr viele Menschen wollen, d.h. wenn sie die Sehnsucht nach einer solchen Institution verspüren.

Was mich argumentativ unterstützt:

Leider entsteht durch die Auswirkungen von egoistischen Regierungsentscheidungen bereits seit einigen Jahren ein stetig wachsender Druck in diese Richtung. Ich glaube, dass in naher Zukunft auch die Zweifler durch die Klimaveränderungen und ihre immer stärker werdenden Auswirkungen erkennen werden, dass man die Probleme der Erde nur global durch konzertierte Aktionen aller Staaten lösen kann. Dann ist der Schritt zu einer machtvollen Welt-Institution nur logisch und nicht mehr weit.

Interessanterweise hat der französische Ministerpräsident Emanuel Macron bereits im September 2017 vorgeschlagen, dass die EU gestärkt werden sollte. Derzeit laufen die Vorbereitungen für eine europäische Energieunion: sie soll bis 2030 existieren. Das ist zwar zu kurz gedacht, geht aber in die richtige Richtung.

Jetzt aber zurück zur „Welt-Institution":

Je nachdem wie gravierend sich Umweltkatastrophen im weiteren Verlauf des Jahres 2018 und den nächsten Jahren auswirken (was kommt nach den Hurrikanen "Irma" und "Maria"?) kann es sehr schnell gehen, dass die Mehrheit der Staaten einsieht, dass man mit freiwilligen Verpflichtungen nicht weiter kommt, da einige wenige – aber wichtige - Staaten blockieren oder den Klimawandel sogar leugnen.

Der normale und schnellste Weg, eine solche Welt-Institution zu erreichen, wäre natürlich, die Herrscher aller Staaten davon zu überzeugen, dass die Welt dies braucht. Leider sind aber viele dieser Herrscher extrem auf ihr eigenes Land fixiert (alle Autokraten und Möchte-Gern-Alleinherrscher wie Donald Trump) und berücksichtigen die Belange der Welt nicht oder nur da, wo es sich absolut nicht vermeiden lässt.

Auch die UN wird von sich aus wahrscheinlich nichts unternehmen, um eine Welt-Institution, die neben oder sogar über ihr angesiedelt wäre, ins Leben zu rufen.

Wie Reformresistent große Institutionen sind, sieht man aktuell (30.01.2026) leider daran, dass wieder ein sinnvoller Vorstoß von EVP-Chef Manfred Weber, die EU zu reformieren (und dadurch zu stärken), gescheitert ist[91].

Ist die Hoffnung auf so ein machtvolles Gremium daher unerfüllbar? Nein!

Die Aufgabe ist in der Tat sehr schwierig und kann nur gelöst werden, wenn fünf wichtige Personengruppen zusammenarbeiten. Ich glaube, dass der Paradigmenwechsel mit diesen fünf "Hebeln" gleichzeitig ablaufen muss.

---

[91] Quelle: https://www.tagesschau.de/ausland/europa/merz-weber-evp-eu-reformen-100.html

Die **Erfolgsformel** lautet nach meiner Überzeugung wie folgt:

Fortschreitende negative Auswirkungen der Globalisierung
+ Weitsichtige Politiker
+ Einflussreiche Persönlichkeiten des öffentlichen
Lebens
+ Gut informierte und engagierte Bevölkerung
+ Öffentlichen Medien
+ Inhaber, Vorstände, Geschäftsführer und
Aufsichtsräte von großen Unternehmen

= **Neue Weltordnung**

Die fortschreitenden negativen Auswirkungen der Globalisierung sind leider die Basis, zuvor stehen die Chancen auf die Bereitschaft aller anderen Akteure für einen echten Paradigmenwechsel relativ schlecht.

Das ist sehr traurig, ich möchte aber dennoch den weiteren Weg skizzieren. So könnte das im Detail aussehen:

Hebel 0: Fortschreitende Auswirkungen der Globalisierung

Diesen Hebel bezeichne ich als "Hebel 0", da er eigentlich kein Hebel ist. Er wird nicht eingesetzt, sondern er aktiviert sich selbst. Forscher auf der ganzen Welt werden gottseidank nicht Müde, neue Erkenntnisse zusammenzutragen und die Menschheit darüber zu informieren.

Eine aktuelle Studie des Potsdam-Instituts für Klimaforschung (PIK) aus dem Jahr 2024[92] kommt zu dem Ergebnis, dass das weltweite Bruttoinlandsprodukt (BIP) pro Kopf im Jahr 2049 bei expliziter Berücksichtigung von Schäden durch den Klimawandel (direkte und indirekte Schäden) um 19 Prozent niedriger ausfallen könnte, wenn man einen Wachstumspfad unterstellt, der hinsichtlich sozialer, wirtschaftlicher und technologischer Trends nicht deutlich von historischen Mustern abweicht. Dies entspräche einem Einkommensverlust von etwa 38 Billionen US-Dollar. Zu betonen ist, dass es sich nicht um Gesamtkosten bis zur Mitte des Jahrhunderts handelt, sondern um durchschnittliche Verluste pro Jahr!

Der Hebel 0 ist daher (leider) die Grundlage dafür, dass die Menschheit früher oder später so etwas wie eine Weltregierung braucht. Er wird dafür sorgen, dass der Druck auf ignorante Politiker vom Schlage eines Donald Trump so stark wird, dass auch sie reagieren müssen.

Hebel 1: Weitsichtige Politiker

Hier mein Appell an alle Leser dieses Buches, die weitsichtige Politikerinnen und Politiker sind und erkannt haben, dass nationale Bemühungen gut und wichtig sind, aber dadurch nicht die globalen Probleme unserer Welt gelöst werden können:
Unterstützen Sie alles, was in Richtung "globale Lösungen für globale Probleme" geht.

[92] Quelle: https://www.bundeswirtschaftsministerium.de/Redaktion/DE/Schlaglichter-der-Wirtschaftspolitik/2024/07/04-kosten-des-klimawandels.html

Die Welt braucht mehr übergreifende Zusammenschlüsse wie den "Klimagipfel", aber es muss künftig sichergestellt werden, dass die Vereinbarungen nicht nur auf dem Papier existieren, sondern konsequent und zeitnah umgesetzt werden. Sie können da mitwirken!

Lassen Sie nicht locker, engagieren Sie sich für alle Vorhaben, die in Richtung des Zusammenschlusses von Staaten gehen, sei es durch Stärkung der EU, der G7 oder der UN.

Bringen Sie den Gedanken einer machvollen Welt-Institution aktiv ins Spiel und unterstützen Sie die Forderung nach so etwas wie einer "Weltregierung" wo es nur geht.

Sie sitzen an den Schaltstellen der Macht und die Welt braucht Ihre Unterstützung! Nehmen Sie Ihre Verantwortung wahr und machen Sie keine Politik mit Blick auf die nächsten Wahlen, sondern mit Blick auf die Zukunft der Menschheit! Ihre Kinder und Kindeskinder werden es Ihnen danken!

Ich denke hierbei nicht nur an die Spitzenpolitiker, sondern an jeden Politiker, der in einem Parlament sitzt.

Ein Sonderfall ist Donald Trump. Nach seinen bisherigen Handlungen glaube ich nicht, dass er noch irgendwann zum weitsichtigen Politiker wird. Er hat nach Auflassung von namhaften amerikanischen Psychiatern eine narzisstische Persönlichkeitsstörung, aber solche Einschätzungen interessieren ihn nicht. Bei solchen Menschen hat man wahrscheinlich nur eine Chance, wenn man sie mit den eigenen Waffen schlägt und z.B. Strafzölle mit Strafzöllen beantwortet.

Europa kann gegen Trump nur bestehen, wenn es gemeinsam handelt und dadurch seine geballte Wirtschaftsmacht demonstriert. Wenn die USA weiterhin aus internationalen Abkommen austreten, müsste das für der Rest der Welt das Signal sein, sich in Bündnissen zusammenschließen.

Was ihn irgendwann zum Umdenken bewegen kann, sind die Auswirkungen der Erderwärmung, die sich konkret auf das Wirtschaftswachstum in den USA auswirken. Wenn seine Industrie in die Knie geht, wird er handeln (müssen). Außerdem wird er sehen, dass alles Negative, das er gegen den Rest der Welt unternimmt, sich irgendwann auch Negativ gegen die USA auswirkt.

Hebel 2: Einflussreiche Persönlichkeiten des öffentlichen Lebens

Hier mein Appell an alle Leserinnen und Leser, die einflussreiche Persönlichkeiten des öffentlichen Lebens sind und ebenfalls erkannt haben, dass nationale Bemühungen gut und wichtig sind, aber dadurch nicht die globalen Probleme unserer Welt gelöst werden können:

Lassen Sie nicht locker, engagieren Sie sich mit Ihrem Einfluss und Ihren finanziellen Mitteln für alle Vorhaben, die in Richtung des Zusammenschlusses von Staaten gehen, sei es auf Ebene der EU oder der UN (wobei letzteres natürlich viel besser wäre).

Bringen Sie die Idee einer Welt-Institution aktiv ins Spiel und unterstützen Sie die Forderung nach so etwas wie einer "Weltregierung" wo es nur geht.

Sie haben durch Ihre Bekanntheit wahrscheinlich noch mehr als die Politiker die Möglichkeit, große Teile der Bevölkerung für dieses Thema zu sensibilisieren und dadurch positiv zu beeinflussen und zu begeistern.

Das Vorhaben braucht Ihre Unterstützung. Egal ob Sie erfolgreicher Unternehmer, Musiker oder Schriftsteller oder etwas ganz anderes sind, nutzen Sie Ihren Einfluss und helfen Sie, die Sehnsucht nach so etwas wie einer "Weltregierung" zu wecken!

Analysieren Sie kritisch, in welche Unternehmen Sie derzeit ihr Geld investieren. Sofern Sie z.B. Aktien von großen Erdölfirmen besitzen, schichten Sie zugunsten von Unternehmen um, die regenerative Energie fördern (siehe "Gruppe 350.org").

Sofern Sie regelmäßig Geld für wohltätige Zwecke spenden:
Bitte setzen Sie ihr Vermögen nicht nur für solche Projekte ein, sondern künftig auch dafür, dass die Menschheit eine Welt-Institution bekommt! Beauftragen Sie die fähigsten Marketing-Spezialisten und finanzieren Sie große Kampagnen.

Natürlich ist es wichtig, den Hunger in der Dritten Welt zu bekämpfen, Opfern von Naturkatastrophen kurzfristig zu helfen und Flüchtlinge zu unterstützen, aber letztlich müssen die Ursachen all dieser Probleme gelöst werden. Das kann nur eine "Weltregierung".

Es ist immer effektiver, wenn man seine Anstrengungen nicht nur auf die Bekämpfung der Symptome eines Problems richtet, sondern auch die Ursachen identifiziert und behebt, da ansonsten keine Nachhaltigkeit entsteht. Ihr Geld wird daher langfristig wesentlich nachhaltiger eingesetzt.

Bill Gates hat übrigens in einem Interview mit der "Süddeutschen Zeitung" u.a. folgende Ansichten vertreten[93]:
Im Interview mit der Süddeutschen Zeitung kritisierte Gates, dass besonders im Hinblick auf den Klimawandel "eine Art globale Regierung" fehle. Mit anderen Worten: Gates will eine Weltregierung. "Das UN-System hat versagt. Man kann sich darüber lustig

---

[93] Quelle: Debattenplattform „Huffington Post" von Christoph Asche, veröffentlicht am 27/01/2015 (https://www.huffingtonpost.de/2015/01/27/bill-gates-wir-brauchen-eine-weltregierung_n_6556658.html)

machen, aber in Wahrheit war es traurig, wie die Konferenz in Kopenhagen verlaufen ist, wie einzelne sich verhalten haben, wie das UN-System versagte", sagte der 59-Jährige im Hinblick auf die häufig als gescheitert betrachtete UN-Klimakonferenz 2009 in der dänischen Hauptstadt. Bislang gebe es keinen perfekten Rahmen, so Gates.

Angesichts der drängenden Probleme auf der Welt sei eine globale Regierung "bitter nötig", so Gates. "Nehmen Sie die UN, sie ist vor allem für die Sicherheit auf der Welt geschaffen worden. Für den Krieg sind wir bereit, da haben wir alle Vorkehrungen getroffen. Wir haben die Nato, wir haben Divisionen, Jeeps, trainierte Leute. Aber was ist mit Seuchen? Wie viele Ärzte haben wir dafür, wie viel Flugzeuge, Zelte, was für Wissenschaftler? Gäbe es so etwas wie eine Weltregierung, wären wir besser vorbereitet".
(Auszug Ende)

Wenn sich viele Unternehmer-Persönlichkeiten vom Range eines Bill Gates oder Warren Buffet, ehemalige Politiker-Persönlichkeiten wie Barak Obama oder Al Gore und weltbekannte Künstler wie Ed Sheeran, John Mayer, Lady Gaga, Sting oder Pink offen für eine Art "Weltregierung" aussprechen würden, würde das mit Sicherheit viele Millionen von Menschen sensibilisieren und aktivieren. Außerdem würde es natürlich auch einen hohen Druck auf die Politik aufbauen.

Ich weiß, dass bei Musikern politische Texte nicht sonderlich beliebt sind, da jeder Angst hat, einen Teil seiner Fans zu vergraulen. Pink war mit "Dear Mr. President" als Strafpredigt für George Bush im Jahr 2006 eine rühmliche Ausnahme. Hat es ihr geschadet? Ich glaube nicht!

Lang zuvor (im Jahr 1971) schrieb John Lennon sein weltkritisches „Imagine", das von vielen als der beste Pop-Song aller Zeiten bezeichnet wird. Sicher nicht zuletzt wegen des berührenden Textes. Zugleich ist er aber auch bedrückend, da wir in den über 50 Jahren seit der Veröffentlichung dieses ruhigen, aber dadurch nicht weniger leidenschaftlichen Credos für eine bessere Welt kaum etwas erreicht haben.

Wir brauchen jetzt endlich eine konzertierte Aktion von vielen namhaften Persönlichkeiten!

Hebel 3: Die gut informierte und engagierte Bevölkerung

Ein Welt-Globalisierungsrat kann nur die richtigen Themen adressieren und die bestmöglichen Vorschläge machen, wie die Zukunft der Menschheit gesichert wird. Die politischen Weichen in den einzelnen Ländern stellen die Regierungen. Aber ob sich in der Praxis tatsächlich etwas ändert, entscheiden wir alle als Konsumentinnen und Konsumenten. Ich behaupte nicht, dass das für uns leicht werden wird. Im Gegenteil, die erforderlichen einschneidenden Veränderungen in unserer Lebensweise werden sehr schmerzhaft werden. Wenn Sie ein neues Auto kaufen, tut ihnen das finanziell weh, Sie müssen viel Geld einsetzen. Genauso ist es mit einer besseren Welt. Sie wird jedem von uns viel Geld kosten.

Hier mein Appell an alle Leserinnen und Leser, die "ganz normale Menschen" sind, gleich welcher Nation oder Abstammung:
Lassen Sie sich nicht zu stark vom nationalen Denken beeinflussen. Es ist gut und wichtig, wenn man sein Land liebt und für es eintritt, aber wichtiger ist für uns alle, dass das Leben auf der Erde weiterhin möglich und lebenswert ist.

Kein Land kann überleben, wenn es die Erde insgesamt nicht schafft!

Seien Sie offen für neue Ideen, auch wenn es bedeutet, dass nationale Interessen zurückstecken müssen.

Denken Sie nicht nur an sich und Ihre Familie. Alle Menschen sind Brüder und Schwestern und verdienen es, als solche behandelt zu werden. Genießen Sie möglichst jeden Tag das erhebende Gefühl, für andere etwas Gutes getan zu haben.

Wenn Sie durch mein Buch schon etwas Sehnsucht nach einer Welt-Institution spüren, bauen Sie dieses Gefühl aus. Reden Sie mit anderen darüber.

Unterstützen Sie die Idee wo es nur geht.

Posten Sie z.B. Beiträge in Facebook, Instagram und Twitter, nutzen Sie YouTube oder was immer sie bevorzugen.

Engagieren Sie sich in Diskussionen und Kundgebungen, schreiben Sie an ihren Abgeordneten und fordern ihn auf, für eine Welt-Institution mit Weisungsbefugnis einzutreten.

Unterstützen Sie Organisationen, die im weitesten Sinne in diese Richtung denken (z.B. Campact, Greenpeace, Gruppe 350.org, Ärzte ohne Grenzen, AWC Deutschland e.V. und Ähnliche).

Wir brauchen Sie unbedingt, um dies zu erreichen, denn viele mächtige Politiker werden sich letztlich nur durch die schiere Masse der Bevölkerung überzeugen lassen.

Hebel 4: Die öffentlichen Medien

Hier mein Appell an alle Frauen und Männer, die in verantwortlicher Position bei Presse, Funk und Fernsehen arbeiten und dieses Buch gerade lesen:

Sie haben nach meiner Einschätzung eine noch größere Macht als die Weltbevölkerung. Schließlich sind Sie es, die die öffentliche Meinung prägen. Jeder Mensch, der sich für etwas interessiert, das sich nicht in seinem Umfeld zugetragen hat, ist darauf angewiesen, was im Fernsehen, im Rundfunk und in der Presse darüber berichtet wird.

Mit anderen Worten: Sie haben es in der Hand, ob sich die Weltbevölkerung für das Thema "Welt-Globalisierungsrat" interessiert oder nicht und welche Haltung sie zu diesem Thema einnimmt.

Nutzen Sie diese Macht zum Wohle der Menschheit und bringen Sie die Idee einer Welt-Institution aktiv ins Spiel. Fördern Sie die Diskussion wo es nur geht. Sie müssen nicht ausdrücklich dafür werben, als neutraler Journalist erwartet man von Ihnen nur, dass Sie über die Fakten berichten.

Falls Sie von der Idee bereits jetzt schon überzeugt sind, dürfen Sie natürlich auch versuchen, bei anderen Menschen diese Sehnsucht zu wecken. Nicht um Menschen zu manipulieren, sondern um sie möglichst umfassend zu informieren.

Hebel 5: Inhaber, Vorstände, Geschäftsführer und Aufsichtsräte von großen Unternehmen

Hier mein Appell an alle Frauen und Männer, die in verantwortlicher Position bei großen Unternehmen arbeiten und dieses Buch gerade lesen:

Sie sind diejenigen, die unser tägliches Leben entscheidend beeinflussen. Sie sitzen in Lebensmittelkonzernen, Energieunternehmen, Großbanken, großen Versicherungen, High-Tech-Schmieden und ähnlichen für die Wirtschaft auf der ganzen Welt wichtigen Schlüsselunternehmen.

Sie sind sehr engagiert und kompetent und lassen sich so schnell nichts von einem unbekannten Autor erzählen. Sie brauchen überzeugende Argumente, die auch in Zahlen messbar und nachprüfbar sind.

Was sollte eine machtvolle Welt-Institution für Sie bringen? Ihre Einführung könnte doch nur Regulierung und Auflagen nach sich ziehen, oder!?

Im ersten Moment würde ich auch so denken, aber überlegen Sie sich einmal, was passieren würde, wenn der größte Teil des derzeit auf ausländischen Konten "geparkten" Kapitals in Billionenhöhe nach und nach dem Markt zur Verfügung stehen würde! Wenn durch eine gerechtere Verteilung der Ressourcen und des Vermögens unserer Welt nach und nach Milliarden von Menschen ein geregeltes Einkommen hätten und sich mehr als nur das, was sie zum Überleben brauchen, kaufen könnten. Alle Unternehmen würden davon in einem nie gekannten Ausmaß profitieren!

Wir hätten mehr soziale Gerechtigkeit und mehr Wirtschaftswachstum!

Die Reichen wären immer noch reich, nur hätten sie keine Rücklagen mehr in Milliarden- oder Millionenhöhe, aber immer noch so viel, dass sie alle Wechselfälle des Lebens abfedern können.

Nutzen Sie daher Ihre unternehmerische Macht zum Wohle der Menschheit und bringen Sie die Idee einer machtvollen Welt-Institution aktiv ins Spiel. Fördern Sie die Diskussion wo es nur geht. Falls Sie von der Idee bereits jetzt schon überzeugt sind, versuchen Sie auch bei anderen diese Sehnsucht zu wecken, nicht um Menschen zu manipulieren, sondern um sie von den Vorteilen zu überzeugen.

Wenn Sie liebe Leserin, lieber Leser jetzt immer noch der Meinung sind, dass ein Paradigmenwechsel absolut unrealistisch ist, wird Sie vielleicht folgendes überzeugen:

Carl Friedrich von Weizsäcker (Gründer des Max-Planck-Instituts) hat im Jahr 1989 in einem Gespräch mit Peter Handke die Meinung vertreten[94], dass eine internationale Rechtsordnung die Situation der Menschen auf der Welt verbessern könnte, wenn man eine Mehrheit der Meinungsträger überzeigen könnte, dass dies notwendig ist.

Er hat dazu eine Theorie entwickelt und das mathematisch ausgedrückt:

"Wenn wir "n"-Menschen haben, dann genügt es, dass "Wurzel n"-Menschen das Richtige wollen. Und es geschieht."

Damals hat er ausgerechnet, dass für Deutschland 8.000 und für die Welt 70.000 meinungsbildende Menschen erforderlich sind. Rechnet man das hoch auf die derzeitigen Bevölkerungszahlen, so kommt man auf 9.000 bzw. 92.000 Personen.

Das sind meines Erachtens erstaunlich geringe Zahlen.

Wenn wir wollen, dass mehr Menschen altruistisch und uneigennützig denken und handeln, dann müssen wir sie dabei unterstützen und ihnen ein Vorbild sein (vorleben und nicht nur einfordern).

Die Bevölkerung hat - außer in den wenigen Ländern, in denen es Volksbegehren gibt - keine unmittelbare Macht. Nur im Wahljahr kann sie eine Partei wählen, die ihrer Meinung nach ihre Ziele am besten vertreten wird. Aber welche Partei setzt sich denn für eine Welt-Institution ein? Mir ist keine bekannt!

Die Bevölkerung hat aber einen unschätzbaren Vorteil: Sie ist unendlich viel größer als die Gruppe der Politiker!

---

[94] Quelle: C.F.V. Weizsäcker, Die Geographie des Menschen.

Daraus lässt sich etwas machen!

Wenn ich mir vorstelle, dass sich erst Hunderte, dann Tausende, dann Hunderttausende und dann Millionen Menschen auf der ganzen Welt von der Sehnsucht nach einer Welt-Institution anstecken lassen und sich auch öffentlich dazu bekennen, dann könnten die Politiker gar nicht anders, als sich damit zu beschäftigen. Schließlich ist es ihre primäre Aufgabe, das Volk zu vertreten, oder?!

Wie könnte man vorgehen?
Früher war Kommunikation ein Problem - es dauerte Monate und Jahre, um ein Netzwerk zwischen Menschen auf der ganzen Welt aufzubauen.

Heutzutage gibt es soziale Medien wie Facebook, Instagram, Twitter, You Tube und Co. Hier eine Lawine ins Rollen zu bringen wäre die ideale Aufgabe für die heutige Jugend, die "Digital Natives". Das wäre auch naheliegend, denn sie sind es ja, die damit leben müssen, wenn die Probleme unserer Welt wegen nationaler Alleingänge oder fehlender Kooperation immer weiter eskalieren. Sie sind aber auch diejenigen, die davon profitieren werden, wenn wir jetzt die Weichen richtig stellen.
Wenn ich mir ansehe, welche zukunftsweisenden (nationalen) Projekte jetzt schon durch Jugendliche ins Leben gerufen wurden, bin ich sehr optimistisch, dass die "Generationen Y und Z" den Ball aufnehmen und erfolgreich spielen werden.

Beispiele gibt es gottseidank viele:
Die mutige Gruppe amerikanischer Schüler/innen, die nach dem Massaker in Florida der Waffenlobby die Stirn bietet und schärfere Waffengesetzte durchsetzen will, die Schüler/innen mit der weltweiten "Fridays for Future"-Aktion, die zahlreichen einflussreichen You-Tuber wie "Rezo" die gegen unfähige und untätige Politiker Stimmung machen usw.

Teil 5: Das "Modell Deutschland"

Ich habe zur ersten Version meines Buches erfreuliche positiv-kritische Resonanz bekommen:

Positiv insoweit, als meine Analyse der derzeitigen Situation und meine Visionen für eine bessere Welt dem Grunde nach mitgetragen werden.

Kritisch insoweit, als mein Lösungsansatz eines "Welt-Globalisierungsrats mit Weisungsbefugnis" als nicht realisierbar eingeschätzt wird:

Die Amerikaner haben einen Präsidenten gewählt, der gegen jeden guten Rat immun ist, in Deutschland bekommt die AfD ("Alternative für Deutschland"), eine rechtspopulistische politische Partei mit rechtsextremen Tendenzen, immer mehr Zulauf, osteuropäische Länder tendieren politisch nach rechts und und und...

Herr Prof. Dr. Ernst-Ulrich von Weizsäcker (Ko-Präsident des Club of Rome) schrieb mir zum Beispiel u.a. folgendes:

"... ich bin ja absolut Ihrer Meinung, dass wir auf Dauer eine Weltregierung brauchen. Mein Vater Prof. Carl-Friedrich von Weizsäcker hat vor über 50 Jahren den Begriff der „Weltinnenpolitik" geprägt und ebenfalls den Marsch in Richtung Weltregierung gefordert. Aber der gegenwärtige Zeitgeist ist durch eine teilweise aggressive Abwendung von internationalem Denken geprägt. " (Ende des Auszugs)

Das ist alles richtig, aber es gibt keinen "günstigen" Zeitpunkt für eine so fundamentale Veränderung wie eine neue Weltordnung. Gerade in Zeiten, wie wir sie derzeit erleben, wird deutlich, wie groß die Gefahr ist, dass sich die Menschheit in nationalen Grabenkämpfen "verzettelt" und dabei die Lösung der wirklich wichtigen globalen Probleme vernachlässigt.

Gerade jetzt, wo Nationalismus und Isolationismus weltweit auf dem Vormatsch sind, brauchen wir ein machtvolles Instrument, um gegensteuern zu können. Das wäre nach meiner Überzeugung so etwas wie ein "Welt-Globalisierungsrat mit Weisungsbefugnis".

Das Argument, dass so eine machtvolle Institution derzeit keine Chance auf Realisierung habe, kommt meist von Menschen, die sehr logisch und rational denken. Ich kann das verstehen. Für mich stellt sich aber nur eine Frage:

"Wäre so etwas wie ein "Welt-Globalisierungsrat mit Weisungsbefugnis" sinnvoll?" Wenn ich diese Frage mit "Ja" beantworte, kämpfe ich dafür, egal wie die Umsetzungschancen derzeit sind. Was ich in meinem langen Leben gelernt habe:

"Es gibt nichts, was es nicht gibt" und

"Du kannst alles schaffen, wenn Du es nur willst".

Warum sollte das nicht für einen Welt-Globalisierungsrat gelten?

Gleichzeitig bin ich aber Realist und sehe ein, dass mein Lösungsvorschlag derzeit wohl nur sehr geringe Umsetzungschancen hat.

Daher habe ich mir einen Weg überlegt, wie die Menschheit schrittweise das große Ziel erreichen könnte:

- Wir versuchen nicht direkt, so etwas wie eine Weltregierung aufzubauen, sondern schaffen nach und nach "Keimzellen" in einzelnen Ländern.
- Deutschland nimmt eine Vorreiterrolle ein (daher "Modell Deutschland").
- Wenn das Model in Deutschland erfolgreich ist, übernehmen es immer mehr andere Länder und irgendwann werden die einzelnen Länder-Teile zu dem Ganzen, dem "Welt-Globalisierungsrat" (zunächst ohne, aber langfristig mit Weisungsbefugnis) zusammengefasst.

Ich werde versuchen, diese "Keimzelle" im Folgenden näher zu beschreiben.

Es gibt derzeit in Deutschland zwei Gremien der Politikberatung, die neben nationalen Zielen auch globale Ziele verfolgen:

1. "Rat für Nachhaltige Entwicklung" (Nachhaltigkeitsrat)[95] und
2. "Wissenschaftlicher Beirat der Bundesregierung Globale Umweltveränderungen" (WBGU)[96].

Der Nachhaltigkeitsrat adressiert meine Visionen 1 (Lebensbedingungen auf der Erde wieder lebenswert machen) und 4 (gesunde Lebensmittel im Einklang mit der Natur produzieren).

Er adressiert aber nicht meine Visionen 2 (Atomare Bedrohung abwenden), 3 (Ressourcen der Erde gerechter verteilen), 5 (Waffeneinsatz und -handel beschränken), 6 (Erreichen, dass die Reichen freiwillig die Armen unterstützen), 7 (Schaltstellen der Macht mit Menschen mit "Best-Eignung" besetzen) und 8 (Menschen gehen verantwortungsbewusst und empathisch miteinander um).

---

[95] Website: https://www.nachhaltigkeitsrat.de/ueber-den-rat/

[96] Website: https://www.wbgu.de/ueber-uns/auftrag/

Ähnlich ist es beim WBGU. Er adressiert auch primär die Visionen 1, 4 und zusätzlich die Vision 7.

Beide Gremien haben wertvolle Arbeit geleistet, decken aber offensichtlich nicht alle Problemfelder ab, die durch die Globalisierung mittlerweile entstanden sind. Auch ist meines Wissens in keinem der Gremien ein Philosoph vertreten...

Mein Vorschlag wäre daher, die beiden Beiräte zusammenzuführen, das Aufgabenspektrum entsprechende meiner acht Visionen zu erweitern und über die Zusammensetzung des Rates nachzudenken (Stichwort: Weniger Lobbyisten und mehr Philosophen). Das neue Gremium (Arbeitstitel: "Globalisierungsrat Deutschland") müsste sich insgesamt damit befassen, welche Auswirkungen die globalen Probleme auf Deutschland haben und wie Deutschland darauf reagieren sollte.

Warum sollte die Bundesregierung das machen? Es gibt ja neben den beiden oben genannten Gremien auch noch den "Sachverständigenrat zur Begutachtung der gesamtwirtschaftlichen Entwicklung"[97] (die "Fünf Wirtschaftsweisen").

Ja, das ist auch ein Gremium der wissenschaftlichen Politikberatung. Ich will seine Leistungen nicht schmälern, aber zur Lösung der globalen Probleme ist eine Fokussierung auf Wirtschaftspolitik - nicht nur nach meiner Überzeugung - nicht mehr ausreichend.

Der Sachverständigenrat ist Anfang der 60er-Jahre entstanden, zu einer Zeit, als das Wirtschaftswachstum zu Recht an allererster Stelle stand und die Globalisierung noch für eine Heilsbotschaft gehalten wurde. Der Rat verfolgt die als "Magisches Viereck" bezeichneten vier wirtschaftspolitischen Ziele: Stabilität des Preisni-

---

[97] Quelle: Website des Rates (https://www.sachverstaendigenrat-wirtschaft.de/ueber-uns/aufgaben.html)

veaus (Geldwertstabilität), hoher Beschäftigungsstand, außenwirtschaftliches Gleichgewicht sowie stetiges und angemessenes Wirtschaftswachstum.

Ich würde jetzt nicht ganz so weit gehen wie das Königreich Bhutan, das dem Bruttosozialprodukt als Gradmesser für den Erfolg der Gesellschaft kaum Beachtung schenkt und durch das "Bruttonationalglück" ersetzt hat. Aber unsere alleinige Orientierung am Wirtschaftswachstum halte ich für sehr problematisch. Wir haben dies in der jüngsten Vergangenheit schmerzlich erlebt (Finanzkrise, Eurokrise).

In früheren Zeiten hatten Philosophen großen Einfluss auf die Politik, heute ist das nicht mehr so. An ihre Stelle sind Lobbyisten getreten.
Vielleicht ist das der große Webfehler unseres Systems.
Inhaltlich hat sich dieses Gremium durch die Entwicklung der Globalisierung meines Erachtens überlebt.

Dies ist unabhängig von der öffentlichen Kritik, dass es dem Steuerzahler jährlich über 2 Millionen EURO kostet, seine Prognosen zum Wirtschaftswachstum regelmäßig daneben liegen und seine unverbindlichen Vorschläge - er darf in seinem Gutachten keinen Lösungsweg empfehlen - von der Bundesregierung selten übernommen werden.

Wir brauchen nach meiner Überzeugung Frauen und Männer, die global und vernetzt denken und auf der Basis einer umfassenden Betrachtung ganzheitliche Lösungsvorschläge zu den Herausforderungen erarbeiten, die durch die negativen Folgen der Globalisierung entstanden sind oder noch entstehen. Gleichzeitig sollten aber auch Chancen aufgezeigt werden.
Bei diesem Ansatz ist zu erwarten, dass den Ergebnissen mehr Beachtung geschenkt wird, als das in der Vergangenheit bei den Jahresgutachten der "Wirtschaftsweisen" der Fall war.

So könnte der Paradigmenwechsel aussehen:

- Das neue Gremium hat eine rein beratende Funktion für die Bundesregierung, darf und soll aber auch Lösungsvorschläge entwickeln.

- In das Gremium werden nur Personen berufen, die durch ihr öffentliches Auftreten gezeigt haben, dass sie auf hohem Niveau global denken, unparteiisch sind (also keine politische Partei vertreten), unabhängig sind (also von keinem Unternehmen bezahlt werden und keine eigenen wirtschaftlichen Interessen zu den Themen verfolgen) und sich einem Ehrenkodex verpflichten (sinngemäß: "Arbeit zum Wohle der Menschheit").

Welche Personen könnten das sein? Auf Anhieb fallen mir folgende Namen ein, die zusätzlich oder anstelle der derzeitigen Ratsmitglieder berufen werden könnten:

✓ Dr. Richard David Precht (Philosoph und Publizist, Honorarprofessor).

✓ Dr. Ulrich Maly (Ex-Vizepräsident des Deutschen Städtetags).

✓ Prof. Dr. Harald Lesch (Astrophysiker, Naturphilosoph, Wissenschaftsjournalist, Fernsehmoderator, Professor für Physik).

✓ Sina Marie Trinkwalder (Unternehmerin, die für ihr Engagement als Sozialunternehmerin ausgezeichnet wurde).

✓ Ranga Yogeshwar (Wissenschaftsjournalist, Physiker und Moderator).

✓ Dunja Hayali (Journalistin und Fernsehmoderatorin).

Es gibt noch zahlreiche weitere geeignete Kandidatinnen und Kandidaten, aber ich glaube, wir brauchen gar nicht viele. Ein kleines Gremium von 10-15 hochkarätigen Mitgliedern mit einem Unterbau wissenschaftlicher Assistenzkräfte sollte in der Lage sein, für die Bundesregierung ganzheitliche Lösungsvorschläge zu erarbeiten.

Folgende Probleme innerhalb der "Acht Visionen" könnten adressiert werden (die Fragestellung beinhaltet jeweils: "Was kann im eigenen Land getan werden und inwieweit sollte die Bundesregierung andere Länder/Organisationen einbeziehen?"):

- Was sollte die Bundesregierung tun, damit die Klimaziele erreicht werden?
- Was sollte die Bundesregierung tun, damit die Schadstoffbelastung von Luft und Wasser abnimmt?
- Was sollte die Bundesregierung tun, damit die Fördermittel für Entwicklungshilfe effektiver eingesetzt werden?
- Was sollte die Bundesregierung tun, damit nicht weiterhin die Reichen reicher und die Armen ärmer werden?
- Was sollte die Bundesregierung tun, damit der Bevölkerung wieder mehr gesundheitlich unbedenkliche Lebensmittel zur Verfügung stehen?
- Was sollte die Bundesregierung tun, um die Chancen der Digitalisierung insbesondere hinsichtlich Künstlicher Intelligenz (KI/AI) zur Förderung des Wirtschaftswachstums zu nutzen und die Risiken zu minimieren?

Bei einigen Themen müsste eine Verzahnung mit dem "Ethikrat"[98] bzw. dem "Digitalrat"[99] erfolgen.

---

[98] Quelle: Website des "Ethikrats" (https://www.ethikrat.org/der-ethikrat/)
[99] Quelle: Wikipedia "Digitalrat" (https://de.wikipedia.org/wiki/Digitalrat)

Ideal wäre es, wenn die Mitglieder des Gremiums rein ehrenamtlich tätig wären und sich vier bis sechsmal jährlich zu Tagungen treffen würden. Hier könnten Themen vereinbart und die Grundsatzpositionen abgestimmt werden.

Damit sich der zeitliche Aufwand für die Mitglieder in Grenzen hält, könnte die Aufbereitung der Ergebnisse durch die wissenschaftlichen Assistenzkräfte erfolgen. Die Vorstellung der Ergebnisse sollte in persönlichen Gesprächen mit der Bundeskanzlerin/dem Bundeskanzler erfolgen. Die Information der Medien sollte zeitnah wiederum in einer gemeinsamen Veranstaltung von Vertretern des Rates und der Bundesregierung erfolgen.

Ich habe übrigens im Oktober 2018 der Bundesregierung den Text des Teils 5 "Modell Deutschland" übersandt und vorgeschlagen, so etwas wie einen "Globalisierungsrat Deutschland" ins Leben zu rufen. Im November 2018 erhielt ich eine abschlägige Antwort mit dem Verweis auf den WBGU, der meinem Vorschlag weitestgehend entspreche (was aber leider nur teilweise stimmt). Mittlerweile hat man sich aber offenbar eines Besseren besonnen und im März 2019 das "Klimakabinett" gegründet. Ich wage nicht zu hoffen, dass meine Initiative dazu beigetragen hat, aber immerhin gibt es jetzt eine dritte deutsche Institution, die sich mit globalen Themen befasst. Leider aber nicht mit allen globalen Themen, sondern "nur" mit dem Klimaschutz.

Ende September 2019 wurde die Bevölkerung vom Ergebnis der Bemühungen informiert und das damalige "Klimapaket" der großen Koalition wurde vorgesellt. Absolut enttäuschend!

Nicht nur nach meiner Meinung ein teurer aber inhaltlich absolut unzureichender und kläglicher Versuch, die Klimaziele von Paris zu erreichen.

Teil 6: Das "Modell Europa"

Ergänzend zum Modell Deutschland wäre es natürlich sinnvoll, als Vorstufe des "Welt-Globalisierungsrats" auch ein "Modell Europa" einzuführen.

Manche Leserin/mancher Leser wird jetzt sagen: "Das haben wir doch schon, wir haben schließlich die EU".

Das ist grundsätzlich richtig, aber die EU hat ähnliche Probleme wie die UN:

- Die EU ist ein reiner Staatenverbund. Die EU-Organe dürfen nur in den Bereichen tätig werden, die in den Gründungsverträgen ausdrücklich genannt sind (das ist nur ein kleiner Teil meiner sieben Visionen).

- Die EU repräsentiert nicht ganz Europa, sondern nur einen Teil (28 von über 40 Ländern).

- Die EU bildet mit einem nominalen Bruttoinlandsprodukt von 17,9 Billionen Euro (Stand: 2024) den größten Binnenmarkt weltweit. Sie hat es aber nicht geschafft, innerhalb ihrer Grenzen soziale Gerechtigkeit zu erreichen. Das Pro-Kopf-Einkommen unterliegt je nach Land extrem starken Schwankungen. Am höchsten war es im Jahr 2024 in Luxemburg mit 126.000 Euro Jahreseinkommen, am niedrigsten in Bulgarien mit 16.000 Euro[100].

- Die Mitgliedsstaaten sind in den EU-Institutionen (Europäisches Parlament, Europäischer Rat usw.) nicht generell durch

---

[100] Quelle: statista – Das Statistikportal https://de.statista.com/statistik/daten/studie/188766/umfrage/bruttoinlandsprodukt-bip-pro-kopf-in-den-eu-laendern/

Menschen vertreten, die die "Best-Eignung" (vgl. Beschreibung in Teil 3) für diese anspruchsvolle Tätigkeit nachgewiesen haben, im Gegenteil, rechtsradikale Tendenzen nehmen zu.

Die europäischen Politiker wären daher gut beraten, wenn sie sich Gedanken zur Stärkung der EU machen würde.

Emmanuel Macron stellte in seiner am 26. September 2017 an der Sorbonne vorgetragenen programmatischen Rede eine Initiative für Europa vor, die unter neuen Vorzeichen auf die zügige Schaffung einer souveränen, geeinten und demokratischen Europäischen Union zielt. Sie enthält mehrere Punkte, die auch einer Weltregierung gut zu Gesicht stehen würden. Unter anderem erklärt Macron, dass sich als Mittel zur nachhaltigen Steigerung der Entwicklungshilfemittel die Einführung einer europaweiten Finanztransaktionssteuer eigne (siehe Vision 6).

Einen wirksameren europäischen Beitrag zur Begrenzung der globalen Erwärmung strebt Macron mit einer deutlichen Verteuerung der Kohlenstoffdioxid-Emissionen an (siehe Vision 1).

Doch diese Vorschläge sind alle sang- und klanglos untergegangen...

Das alles sind aber nur Einzelaspekte. Die EU braucht eine **neue Vision**, die nach meiner Meinung in folgende Richtung gehen sollte:

"Die EU ist sich als einer der größten gemeinsamen Wirtschaftsräume der Erde ihrer Verantwortung für die Zukunft der Menschheit bewusst. Sie tut nicht nur alles, um innerhalb ihres Hoheitsgebietes soziale Gerechtigkeit herzustellen, sondern unterstützt auch die UN dabei, die Ziele der Staaten der ganzen Welt zur Begegnung der globalen Herausforderungen zu erreichen".

Der nach meiner festen Überzeugung sehr gute europäische Gedanke muss gestärkt werden. Mittelfristig braucht die EU neben einem gemeinsamen Währungssystem auch ein gemeinsames Finanzsystem, ein gemeinsames Rüstungssystem und eine gemeinsame Arbeits- und Sozialpolitik. Der Schritt zu einer gemeinsamen Regierung ist dann nicht mehr weit...

Es gibt übrigens bereits mehrere Initiativen in diese Richtung:
- ✓ Die Bewegung "Pulse of Europe"[101] befasst sich mit der Zukunft der EU.
- ✓ Das "European Democracy Lab" wirbt für eine "Republik Europa"[102].

Wenn die EU als das "Modell Europa" tatsächlich eine Vorstufe der neuen Welt-Institution werden soll, dann muss sie sich auch inhaltlich weiterentwickeln:

Genauso wie Deutschland einen "Globalisierungsrat" braucht, der die Regierung berät, wie sie agieren sollte, um ihren nationalen __und__ internationalen Verpflichtungen gerecht zu werden, braucht die EU ein Beratergremium, das sie berät, wie sie mit den internationalen Partnern - insbesondere den USA, Russland und China - in Fragen der Globalisierung umgehen sollte.

Auch dieses Gremium muss - wie beim "Modell Deutschland" - unabhängig und unparteiisch sein und darf keine wirtschaftlichen Interessen verfolgen. Die Besetzung muss so hochkarätig und ausgewogen sein, dass die EU schon fast gezwungen ist, die Empfehlungen des Rates umzusetzen.

---

[101] Quelle: Website von PULSEofEUROPE (https://pulseofeurope.eu/de/)

[102] Quelle: Website (https://european-republic.eu/de/#idea)

Teil 7: Ein weiterer Lösungsweg

Der "Welt-Globalisierungsrat" wäre für mich die konsequenteste und beste Lösung.

Wir könnten aber die globalen Probleme eventuell aber auch in den Griff bekommen, wenn wir eine **globale Verfassung** hätten, die sich am Wohl der Menschheit - und nicht an den Interessen einzelner Staaten - orientiert und die für alle Staaten bindend ist. Dies wäre auch die ideale Vorbereitung für einen "Welt-Globalisierungsrat".

Das klingt natürlich auf den ersten Blick auch unerreichbar, aber es gibt dafür seit über zwei Jahrtausenden ein funktionierendes Vorbild:

Die "10 Gebote", die den Menschen nach der Überlieferung von Gott gegeben wurden, haben im Judentum und Christentum zentralen Rang für die theologische Ethik und haben die Kirchen- und Kulturgeschichte Europas und des außereuropäischen Westens mitgeprägt. Sie finden sich mit ähnlichem Inhalt auch im Koran und stehen noch heute für das Wertesystem, das beim Zusammenleben von Menschen weltweit gelten sollte.

Genau so etwas brauchen wir in Zeiten der Globalisierung als Regeln für das Zusammenleben der Menschen in unserer globalen Welt.

Die UN-Charta geht im Kapitel 1, Artikel 1 übrigens bereits in diese Richtung:

- *Die Vereinten Nationen setzen sich folgende Ziele: 3. eine internationale Zusammenarbeit herbeizuführen, um internationale Probleme wirtschaftlicher, sozialer, kultureller und humanitärer Art zu lösen und die Achtung vor den Menschenrechten und Grundfreiheiten für alle ohne Unterschied der Rasse, des Geschlechts, der Sprache oder der Religion zu fördern und zu festigen;* (Auszug Ende)

Aber sie entfaltet in der Praxis leider kaum Wirkung, da sie nicht für alle Staaten bindend ist.

Wer könnte eine globale Verfassung entwerfen?

Das müsste eine Versammlung sein, die sich aus den weitsichtigsten und zugleich integersten Köpfen, die wir auf der Erde derzeit haben, zusammensetzt. Das können Philosophen, Wissenschaftler, Schriftsteller, Unternehmer oder auch Politiker sein, die in ihrem Land und darüber hinaus einen entsprechend guten Ruf haben. Jede Nation sollte dabei vertreten sein.

Ich bin mir bewusst, dass es eine große Herausforderung ist, die Staaten dazu zu bringen, sich Gedanken über ein einheitliches Wertesystem zu machen. Wir alle wissen, dass jeder Staat seit Jahrhunderten seine eigenen Vorstellungen hat und Tradition oft die Vernunft dominiert.

Wenn es die Lage, in der sich die Menschheit befindet, nicht erfordert hätte, wäre ich auch nie auf die Idee gekommen, so etwas vorzuschlagen. Ich gebe zu, es grenzt wirklich an eine Utopie. Aber wir müssen uns von den Restriktionen der Vergangenheit lösen und neue - globale - Wege gehen.

Welche Inhalte sollte eine globale Verfassung haben?

Das müsste die o.a. Versammlung erarbeiten.

Folgender Punkt ist die Basis der Verfassung und sollte daher unbedingt enthalten sein:

- ✓ Alle Staaten verpflichten sich, bei Problemen, die globaler Natur sind, zum Wohle der gesamten Menschheit unter Zurückstellung nationaler Interessen miteinander zusammenzuarbeiten.

Folgende und ähnliche Punkte könnten zusätzlich enthalten sein:

- ✓ Alle Staaten verpflichten sich, den nationalen CO_2-Ausstoß bis 2050 so zu begrenzen, dass die Erderwärmung nicht mehr als 2 Grad beträgt.
- ✓ Alle Staaten verpflichten sich, die Regenwälder als "Klimaanlage" der Erde anzuerkennen und auf Dauer zu schützen.
- ✓ Alle Staaten verpflichten sich, keine neuen Atomwaffen zu bauen und die vorhandenen unschädlich zu machen.
- ✓ Alle Staaten verpflichten sich, Hunger und Armut auf der Erde nachhaltig zu bekämpfen.
- ✓ Alle Staaten verpflichten sich, durch eine sinnvolle Geburtenkontrolle das Wachstum der Erdbevölkerung auf maximal 10 Milliarden Menschen zu begrenzen.
- ✓ Alle Staaten verpflichten sich, militärisch abzurüsten und für militärische Zwecke maximal 0,5% ihres Bruttoinlandsproduktes (BIP) auszugeben.
- ✓ Sofern einzelne Staaten bewusst der Verfassung zuwider handeln, hat die Staatengemeinschaft das Recht, angemessene Sanktionen zu verhängen.

Wie aufwändig wäre es, eine globale Verfassung ins Leben zu rufen?

Ich glaube, das würde - im Vergleich zu einem "Welt-Globalisierungsrat" - relativ einfach sein. Wenn die Teilnehmer der Versammlung feststehen (das sollte innerhalb von sechs Monaten zu schaffen sein) könnte der Inhalt der Verfassung ebenfalls innerhalb von maximal sechs Monaten entwickelt werden.

Danach müsste jeder Staat seine Bevölkerung abstimmen lassen, ob sie der Verfassung zustimmt.

Dies ist für eine Verfassung zwar nicht zwingend erforderlich, aber in diesem Fall sehr sinnvoll, weil dadurch verhindert werden kann, dass narzisstische Herrscher eine Zustimmung ihres Landes verhindern.

Die Verfassung würde die erhoffte globale Wirkung dann entfalten, wenn die Bevölkerung von mindestens zwei Drittel aller Staaten überwiegend (mehr als 50%) zustimmt.

In diesem Fall sollte sie als "Weltrecht" für alle Staaten bindend sein. Ja, ich weiß, ein "Weltrecht" in diesem Sinne gibt es noch nicht. Aber hier würde ich darauf vertrauen, dass die Macht des faktischen eine Akzeptanz der Abstimmungsergebnisse durch die Staatengemeinschaft erzwingt. Die Geschichte zeigt uns, dass viel erreicht werden kann, wenn entsprechend viele Menschen es wollen. Den Mauerfall und die Wende 1989 im geteilten Deutschland hätte man mit den Instrumenten der geltenden Rechtsordnung auch nicht herbeiführen können.

Wie könnte die Abstimmung durch die Bevölkerung erfolgen?

Hier gibt es grundsätzlich zwei Möglichkeiten:

Man könnte sie durchführen wie jede andere Wahl, unter Beachtung der landesspezifischen Regeln und Verfahren. Das hätte allerdings den Nachteil, dass manche Staatschefs sich weigern könnten, eine Wahl zuzulassen und dass gerade Jugendliche, die sich in vielen Ländern stark für ein Handeln gegen die drohende Klimakatastrophe engagieren, aufgrund ihres Alters nicht mit abstimmen dürften.

Ich würde daher für eine zweite Möglichkeit plädieren:

Eine Abstimmung über das Internet für alle Menschen, die das 14. Lebensjahr vollendet haben. Das hätte den Vorteil, dass die Abstimmung im Vergleich zu einem normalen Wahlverfahren extrem schnell erfolgen kann, eine höhere Wahlbeteiligung zu erwarten ist und sie leicht ausgewertet werden kann.

Es hätte zwar den Nachteil, dass nur die Personen direkt abstimmen können, die zuhause oder in der Arbeit einen Internet-Zugang haben, aber das sind derzeit geschätzt über 6 Milliarden Menschen und die Tendenz ist stark steigend.

Für die restliche Bevölkerung müsste man entsprechende Abstimmungsterminals dort aufstellen, wo die Internet-Dichte noch gering ist.

Sicher muss so eine Abstimmung auch gut organisiert werden, damit es nicht zu Manipulationen wie Doppelerfassungen usw. kommt, aber der Aufwand dürfte im Vergleich zu einer herkömmlichen Wahl deutlich geringer sein.

Ausblick: Wie wird es weitergehen mit unserer Welt? Vier Szenarien.

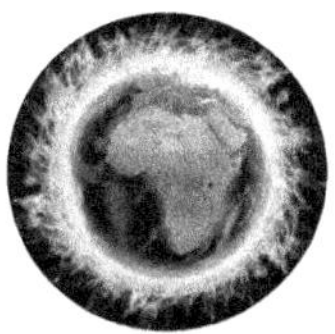

Die Zukunft unserer Erde beschäftigt uns Menschen verstärkt, seit wir nicht nur spüren, sondern auch messen können, dass wir unseren Planeten überstrapazieren und sich etwas Bedrohliches entwickelt.

Es gibt sehr viele Szenarien/Prognosen/Thesen.

Zum Abschluss meines kleinen Buches möchte ich Ihnen, liebe Leserin/lieber Leser, vier der interessantesten Szenarien vorstellen.

Szenario 1

**Ein Teil der großen Probleme unserer Welt wird gelöst werden
und ein Teil bleibt problematisch.**

Aber die Menschheit wird damit gut zurechtkommen.

Das ist die Entwicklung, die wir uns alle wünschen. Wenn sie zutrifft, brauchen wir uns nicht groß zu verändern: wir retten die Welt ein wenig indem wir weniger Plastik produzieren, umweltfreundlichere Autos fahren, umweltbewusster konsumieren, neue Regelungen zur Luftreinhaltung in Kraft setzen und Flüchtlinge widerstrebend aufnehmen. Aber wie realistisch ist dieses Szenario?

- **Was spricht für dieses Szenario?**

  Einige namhafte Wissenschaftler haben sich in den letzten Jahren intensiv damit beschäftigt, was der Mensch in den letzten 200 Jahren alles erreicht hat.

  Hans Rosling[103] z.B. beschreibt diese "faktengestützte Weltsicht" in seinem lesenswerten Buch "Factfulness". Er kommt zum Ergebnis, dass sich sehr vieles zum Besseren gewendet hat und sich dieser Trend grundsätzlich fortsetzen wird. Nach Auffassung von Hans Rosling wird es natürlich weiterhin globale Risiken geben, wie z.B. globale Pandemien, einen Finanzkollaps, den dritten Weltkrieg, den gravierenden Klimawandel und die extreme Armut, aber die Menschheit wird sich diesen Herausforderungen stellen und sie erfolgreich bewältigen, sofern sie bereit ist, global zusammenzuarbeiten und global Ressourcen einzusetzen.

---

[103] Hans Gösta Rosling (* 27. Juli 1948 in Uppsala, Schweden; † 7. Februar 2017 ebenda) war Professor für Internationale Gesundheit am Karolinska Institut und Direktor der Gapminder-Stiftung in Stockholm.

- **Was spricht gegen dieses Szenario?**

Die Menschen, die dieses Szenario für wahrscheinlich halten, stützen sich in erster Linie auf die Fortschritte der Menschheit in den letzten 200 Jahren, also auf die Vergangenheit.

So sehr ich mich persönlich auch über diese unbestreitbaren Erfolge freue, so sehr habe ich Zweifel, dass diese Entwicklung so weitergeht. Der wachsende Nationalismus gepaart mit Egoismus kann sehr schnell dazu führen, dass die steil bergauf führende Fortschrittskurve einen deutlichen Knick bekommt und sogar ins "Tal der Tränen" führt.

Nach meiner Überzeugung können wir diese gefährliche Entwicklung nicht aufhalten, wenn wir so weitermachen wie bisher, sondern nur, wenn wir zeitnah so etwas wie einen Welt-Globalisierungsrat ins Leben rufen, der sich exklusiv um die großen globalen Herausforderungen der Menschheit kümmert.

Globale Zusammenarbeit und globaler Ressourceneinsatz - wie von Hans Rosling gefordert - wird dies nicht ersetzen können, wären aber natürlich ein guter erster Schritt in Richtung einer neuen Weltordnung.

Leider sehen wir aber derzeit - ausgehend von den USA - genau das Gegenteil: Protektionismus anstelle von Kooperation.

Szenario 2

Der Klimawandel wird der Welt immer mehr Naturkatastrophen bescheren und schließlich dazu führen, dass die Erde ein für Menschen unbewohnbarer Planet wird.

Das ist die "Worst-case-Entwicklung", die weniger von Wissenschaftlern als von Endzeitfanatikern geäußert wird. Dennoch muss man sich meines Erachtens mit ihr beschäftigen, um auszuloten, unter welchen Bedingungen sie eintreten könnte.

- **Was spricht für dieses Szenario?**

  Das ist ein typisches Szenario, wie wir es aus Science-Fiction-Filmen wie "The day after tomorrow" und "Geostorm" kennen. Wie stark die Veränderungen sein werden, hängt davon ab, wie rasch der Klimawandel fortschreitet. Derzeit ist die Situation so, dass der Ernst der Lage wohl allen bekannt ist, aber dennoch keine wirksamen globalen Maßnahmen der Gegensteuerung erfolgen.

  Falls es die Menschheit nicht schafft, in den nächsten 10-20 Jahren gemeinsam zu agieren und sich weiterhin die wichtigsten Staaten ihrer Verantwortung für die Welt entziehen, können die Veränderungen kaum mehr aufgehalten werden. Die Einflüsse auf die Natur werden drastisch spürbar sein.

  Der Erwärmungstrend setzt absehbar nicht nur die Ökosysteme, sondern auch Milliarden Menschen enormen Belastungen aus. Der Beginn vom Ende der Erde wie wir sie kennen, könnte das komplette Schmelzen des Permafrostbodens in den nördlichen Regionen sein. Der arktische Permafrostboden speichert 1,8 Billionen Tonnen an Kohlenstoff. Wird es durch die Erwärmung in Form von Methan freigesetzt, dürfte ein enormer Treibhauseffekt die Temperaturen weiter in die Höhe jagen. Das Gas ist 34 Mal wirkungsvoller als Kohlendioxid.

Besonders bedenklich ist aus meiner Sicht, dass es internationale Abkommen und Bekenntnisse zum Klimaschutz gibt (z.B. das Pariser Abkommen von 2015 und die nachfolgenden Veranstaltungen von 2017 und 2018), aber der weltweite CO2-Ausstoß nicht abnimmt sondern zunimmt[104].

Ich zähle mich nicht zu den Endzeitfanatikern, aber angesichts dieser Entwicklung sehe ich Lösung nur darin, dass wir zeitnah so etwas wie ein Welt-Kompetenzzentrum bzw. einen Welt-Globalisierungsrat ins Leben rufen, der die Regierungen der zögernden Staaten notfalls zwingt, auch gegen die alles beherrschenden Lobbygruppen die Klimaziele zu erreichen.

- **Was spricht gegen dieses Szenario?**

"Problem erkannt – Gefahr gebannt" sagt ein Sprichwort. Doch noch ist nicht von allen Staaten das Problem erkannt. Insbesondere die USA als größter Produzent von Treibhausgasen entziehen sich derzeit noch ihrer Verantwortung für die Erde. "America first" ist bezeichnend dafür, wie nationaler Egoismus die ganze Menschheit in Bedrängnis bringen kann.

Aber: Es besteht Hoffnung. Donald Trump überdreht das Rad derzeit mit seiner ICE-Truppe derart, dass sogar Republikaner ins Zweifeln kommen, ob er noch der richtige Präsident ist.

Hoffnung besteht auch insoweit, als sich einzelne Bundesländer der USA ehrgeizige Klimaziele gesetzt haben und die auch gegen einen ignoranten Präsidenten durchsetzen. Je mehr die Erderwärmung zunimmt, umso mehr Staaten werden sich intensiv um ihre Klimaziele kümmern. Es ist nur die Frage, ab das noch rechtzeitig sein wird...

---

[104] Quelle: statista (https://de.statista.com/statistik/daten/studie/37187/umfrage/der-weltweite-co2-ausstoss-seit-1751/)

Und wenn dann tatsächlich alle Anstrengungen nicht ausreichen, den CO2-Ausstoß deutlich zu reduzieren, haben wir immer noch die Möglichkeit, das Problem durch "Climate-Geoengeneering" technisch zu lösen (wenn unsere Ingenieure bis dahin die Risiken im Griff haben...).

Szenario 3
Die Weiterentwicklung der Künstlichen Intelligenz (KI)
wird die Welt zum Positiven verändern.

Diese Entwicklung wird von allen Menschen herbeigesehnt, die jetzt schon ChatGPD und Co. als ideale Suchmaschinen intensiv nutzen, die sich ein "smart home" mit Alexa oder Siri einrichten, die darauf warten, dass sie sich einen künstlichen Lebenspartner kaufen können, der nie widerspricht und zu allem bereit ist, oder die sich einen Chip einpflanzen lassen, um damit bezahlen zu können.

- **Was spricht für dieses Szenario?**

  Sehr viele namhafte Wissenschaftler sind sich einig, dass sich das Zusammenspiel von Mensch und Maschine in den kommenden Jahrzehnten extrem verbessern und einem großen Teil der Menschheit einen ungeahnten Komfort und viel Freizeit bescheren wird. Dadurch werden sehr viele Arbeitsplätze wegfallen, aber auch neue Berufe/Tätigkeiten entstehen. Ob sich dies zahlenmäßig die Waage halten wird, wird von Zukunftsforschern unterschiedlich beurteilt. Das renommierte Nürnberger Institut für Arbeitsmarkt- und Berufsforschung (IAB) sieht mehr Chancen als Risiken.

- **Was spricht gegen dieses Szenario?**

  Der deutsche Vorzeige-Philosoph Richard David Precht sieht mehr Risiken als Chancen. Er befürchtet, dass die Weiterentwicklung der KI ein Heer von Arbeitslosen erzeugen wird. Es würden zwar unzweifelhaft neue Berufe/Tätigkeiten entstehen, aber diese seien nur zu einem kleinen Teil mit den Menschen, deren Jobs wegfallen, besetzbar. Gleichzeitig meint er aber, dass man das mit einem bedingungslosen Grundeinkommen für Alle in den Griff bekommen könne.

Ein bedingungsloses Grundeinkommen wird allerdings von den meisten deutschen Politikern und Arbeitsmarktexperten (u.a. auch vom Nürnberger IAB) als unfinanzierbar und nicht erstrebenswert beurteilt. Zumindest in Deutschland wird das also keine Lösung werden. Wir brauchen also noch andere Lösungsalternativen.

Ein ungelöstes Problem ist auch, dass unser Wirtschaftssystem darauf aufbaut, das wir weiterhin in großem Umfang konsumieren.

Arbeitslose aber konsumieren wenig und Maschinen konsumieren überhaupt nicht.

Und Millionen von Menschen mit einem bedingungslosen Grundeinkommen würden auch nicht unbedingt zum Wirtschaftswachstum in großem Umfang beitragen.

Szenario 4
**Soziale Netzwerke wie Facebook, X, Google und Co.
entfalten mittelfristig eine zerstörerische Gewalt. Langfristig
wird die Menschheit von Algorithmen beherrscht werden.**

Diese Entwicklung ist eine "schleichende Gefahr". Zunächst genießen wir die Segnungen der weltweiten Vernetzung und unbeschränkten Konsumfreiheit, und nehmen dafür die vereinzelten negativen Auswüchse in Kauf. Mittelfristig werden wir unter den Folgen leiden und erst langfristig werden wir entsetzt erkennen, dass wir die Geister, die wir riefen, nicht mehr loswerden.

- **Was spricht für dieses Szenario?**

  Der bekannte Geschichtswissenschaftler Niall Ferguson warnte im Januar 2019 davor, dass verbale Gewalt in den sozialen Netzwerken in echte Gewalt umschlagen werde. Dies werde zu Bürgerkriegen in großem Umfang führen[105].

  Der Historiker Yuval Noah Harari[106] geht noch wesentlich weiter: Nach seiner Meinung wird im 21. Jahrhundert der "Dataismus" den Humanismus ablösen. Die Menschheit werde sozialen Netzwerken wie Facebook, Twitter, Google und Co. immer mehr ihrer persönlichen Daten anvertrauen. Die Algorithmen werden uns nicht nur Hilfestellung bei allen Entscheidungen in unserer Freizeit geben, sondern unser ganzes Leben beeinflussen. Sie werden uns besser kennen als wir uns selbst und irgendwann auch alle Entscheidungen für uns treffen.

---

[105] Quelle: Artikel im "Stern" vom 05.01.2019 (https://www.stern.de/panorama/gesellschaft/historiker-niall-ferguson-warnt-vor-der-macht-von-facebook-8516602.html)

[106] Yuval Noah Harari (* 24. Februar 1976 in Haifa) ist ein israelischer Historiker. Er lehrt seit 2005 an der Hebräischen Universität Jerusalem und ist mit Forschungen zur Militärgeschichte und universalhistorischen Thesen hervorgetreten. Seine populärwissenschaftliche Monographie zur *kurzen Geschichte der Menschheit* wurde zu einem internationalen Bestseller.

Seine Visionen beschreibt Yuval Noah Harari in seinem lesenswerten Buch "HOMO DEUS". Seine horrormäßige finale Vision lautet:

"Wir streben danach, das Internet aller Dinge zu entwickeln, weil wir hoffen, dass es uns gesund, glücklich und mächtig macht. Doch sobald es existiert und funktioniert, könnten wir von Entwicklern zu Mikrochips und dann zu Daten schrumpfen und uns am Ende im Datenstrom auflösen wie ein Klumpen Erde in einem reißenden Fluss". (Zitat Ende)

Auch diesem Szenario könnten wir wirksam nur begegnen, wenn wir zeitnah so etwas wie eine Welt-Regierung ins Leben rufen und ihr die Macht geben, wirksam gegenzusteuern.

- **Was spricht gegen dieses Szenario?**

Die ersten zehn Jahre des 21. Jahrhunderts waren von einer Euphorie über die schöne neue Datenwelt von Facebook und Co. beseelt. Mittlerweile hat sich Ernüchterung eingestellt: Extremistische und hasserfüllte Einträge, Verbreitung von Falschmeldungen, Zensur von oppositionellen Beiträgen, massive Datenschutzmängel, Wahlbeeinflussungen und ähnliches wurde bekannt und hat uns allen gezeigt, dass der freigiebige Umgang mit persönlichen Daten nicht nur Vorteile bringt.

Das ursprünglich als Netzwerk zwischen Studenten gedachte Facebook hat sich zum weltweiten "Datenkraken" entwickelt. Eine Regulierung der sozialen Netzwerke ist spätestens seit dem gigantischen Datenklau bei Facebook in der öffentlichen Diskussion:
Facebook hatte Ende September 2018 mitgeteilt, dass unbekannte Angreifer sich durch den Diebstahl digitaler Schlüssel Zugang zu Dutzenden Millionen Profilen verschafft hatten. Zwei Monate später lassen sich die Turbulenzen von Facebook am klarsten am Börsenkurs ablesen: Seit ihrem Jahreshoch

Ende Juli ist die Facebook-Aktie um fast 40 Prozent eingebrochen, stärker als der trudelnde Nasdaq-100, der Index der wichtigsten Werte an der Tech-Börse.

Facebooks Marktwert ist damit um mehr als 240 Milliarden Dollar geschrumpft. Das gute an diesem Zwischenfall ist, dass die Welt aufgeschreckt wurde und man sich in allen Ländern Gedanken macht, wie man die Netzwerk-Giganten "zähmen" kann.

Während immer mehr problembewusste Nutzer einen Teil ihres Profils einschränken, steigen andere ganz aus und kündigen ihr Konto.

In der Politik wird auch der Ruf nach gesetzlichen Beschränkungen für Facebook und Co. immer lauter. Allerdings ist eine staatliche Regulierung sehr schwierig. Die Techfirmen gehören zu den größten und wertvollsten Unternehmen der Welt. In Washington haben sie starke Lobbygruppen, die Millionen von Dollar ausgeben, um eine Regulierung zu verhindern.

Realistischer erscheint mir die Idee von Niall Ferguson, dass Facebook, Google und Twitter für die Verbreitung von Extremismus und Fake News strafrechtlich und finanziell haftbar gemacht werden.

Jetzt im Jahr 2026 werden einige Politiker endlich aktiv.

Spaniens Premier Pedro Sanchez will die „Straflosigkeit" der großen Plattformen beenden. Entscheidungsträger sollen künftig haftbar gemacht werden können, wenn sie Hass-Inhalte nicht entfernen.

Auch soll eine Nutzungseinschränkung für Jugendliche eingeführt werden. Spanien folgt hier dem Vorbild Australiens, wo schon ein Social-Media-Verbot für unter 16-jährige in Kraft ist.

Ähnliche Regelungen erwägen zum Beispiel auch Dänemark, Griechenland, Italien, Norwegen oder Großbritannien [107].

Das sind gute Nachrichten, denn dadurch wird die Macht der "Datenkraken" abnehmen. Dann bleibt uns das Horrorszenario einer Steuerung der Menschen durch Algorithmen hoffentlich erspart.

---

[107] Quelle: https://www.tagesschau.de/ausland/spanien-social-media-verbot-100.html

Epilog

Eine neue Weltordnung zu beschreiben, ist kein leichtes Unterfangen - noch dazu wenn man kein weltbekannter Politiker oder Wissenschaftler ist. Die Gefahr ist groß, dass man sofort als Fantast abgestempelt, oder - was noch schlimmer ist - überhaupt nicht beachtet wird.

Wie schwierig ein solches Unterfangen ist, verdeutlicht eine über 500 Jahre alte Aussage von Niccolo Machiavelli.

Machiavelli war ein florentinischer Politiker und Diplomat und hat sich in seinem um 1513 erschienen Buch "The Prince" (auf Deutsch "Der Fürst") mit den Problemen bei der Einführung eines neuen politischen Systems (er nennt es "Ordnung") philosophisch befasst und kam zu folgendem Ergebnis[108]:

"It ought to be remembered that there is nothing more difficult to take in hand, more perilous to conduct, or more uncertain in its success, than to take the lead in the introduction of a new order of things. Because the innovator has for enemies all those who have done well under the old conditions and lukewarm defenders in those who may do well under the new. This coolness arises partly from fear of the opponents, who have the laws on their side, and partly from the incredulity of men, who do not readily believe in new things until they have had a long experience of them."   (Zitat Ende)

Jemand, der wie ich dafür plädiert, eine neue Weltordnung einzuführen, hat also nach Auffassung von Machiavelli all diejenigen zum Gegner, die von der alten Ordnung profitieren (das sind bei uns alle multinationalen Konzerne, alle Superreichen - Ausnahmen bestätigen die Regel - und alle skrupellosen Machtpolitiker).

---

[108] Quelle: Niccolo Machiavelli, aus "The Prince" (https://de.wikipedia.org/wiki/Der_F%C3%BCrst)

Auf der anderen Seite bekommt er nach Machiavellis Einschätzung von denjenigen, die zukünftig von der neuen Ordnung profitieren würden, nur halbherzige Unterstützung, da viele Menschen nicht an neue Dinge glauben, die sie noch nicht aus persönlicher Erfahrung kennen.

Keine aufbauende Aussage, aber wenn eine neue (gute) Weltordnung einfach zu erreichen wäre, hätten wir sie schon längst....

Albert Einstein hat übrigens im Jahr 1946 unter dem Eindruck von Hiroshima folgendes geäußert[109]:

"Es muss eine Weltregierung geschaffen werden, welche Konflikte zwischen Nationen durch richterliche Entscheidungen zu lösen imstande ist. Diese Entscheidungen müssen auf eine klare Verfassung gegründet werden, welche von den Regierungen und Völkern gebilligt ist … Unter dem Begriff „Weltregierung" verstehe ich eine Institution, deren Entscheidungen und Gesetze die einzelnen Mitgliedsstaaten binden. In ihrer gegenwärtigen Funktion haben die Vereinten Nationen nicht die Machtbefugnisse einer Weltregierung, da ihre Entscheidungen die einzelnen Mitgliedstaaten nicht binden." (Zitat Ende)

Diese Aussage liegt 80 Jahre zurück!

Ich bin davon überzeugt, dass die Menschheit jetzt endlich eine neue Weltordnung braucht. Ob es zwingend ein „Welt-Globalisierungsrat mit Weisungsbefugnis" sein muss, weiß ich nicht. Möglicherweise gibt es noch bessere Ideen.

Aber ich glaube, dass wir die weltweite Diskussion zu diesem Thema unbedingt brauchen und zwar jetzt und nicht erst, wenn

---

[109] Quelle: Deutschlandfunkkultur.de (https://www.deutschlandfunkkultur.de/die-weltregierung-teil-1-utopie-einer-gerechten-verteilung.976.de.html?dram:article_id=374131)

die Probleme so dringend geworden sind, dass wir nur noch hektisch reagieren können.

Ich hoffe auch sehr, dass Yuval Noah Harari in "HOMO DEUS" den Bogen weit überspannt hat, wenn er beschreibt, wie sich die Menschheit im 21. Jahrhundert weiterentwickeln könnte: In einem möglichen Szenario wird die Welt zu einem einzigen Datenverarbeitungssystem. Der output ist dann das "Internet der Dinge". Sobald diese Mission erfüllt ist, werde der HOMO SAPIENS nicht mehr die Krönung der Schöpfung sein, nicht mehr benötigt werden und verschwinden. Das kosmische Datenverarbeitungssystem wäre dann wie Gott.

Wenn man sich näher damit befasst, was die Künstliche Intelligenz (KI) im Jahr 2026 schon leisten kann, welche unglaublichen Fortschritte in den letzten 10 Jahren gemacht wurden und welche Entwicklungsziele für die nächsten 10 Jahre bestehen[110], klingt das gar nicht so sehr nach Science Fiction.

Ein "Welt-Globalisierungsrat" ist vielleicht die letzte Chance der Menschheit, ihre Zukunft selbst zu bestimmen, bevor es das kosmische Datenverarbeitungssystem für sie tut.

Daher meine große Bitte an alle wohlwollenden Leserinnen und Leser aus allen fünf "Hebelgruppen":
Überlegen Sie, was Sie persönlich für das große Projekt tun können – und tun Sie es!

---

[110] Näheres: n-tv Wirtschaft vom 28.12.2018 (https://www.n-tv.de/wirtschaft/KI-veraendert-schon-jetzt-unser-Leben-article20767511.html)

Übrigens: Ich möchte nicht verschweigen, dass ich zu diesem Buch viele kritische Zuschriften bekomme. Kluge Köpfe haben gute Argumente, die gegen meine Vision eines Welt-Globalisierungsrates sprechen. Im Wesentlichen sind es drei Argumente:

1. *„So etwas wie ein „Welt-Globalisierungsrat" ist in unserer Gesellschaft nicht durchsetzbar".*

   Darauf erwidere ich folgendes:

   Wann kann man definitiv beurteilen, was in einer Gesellschaft machbar ist und was nicht? Blicken wir nur in die jüngere Vergangenheit: Wer hätte in Deutschland im Jahr 1915 gedacht, dass Frauen drei Jahre später ein Wahlrecht bekommen? Wer hätte im Jahr 1988 gedacht, dass das seit Jahrzehnten geteilte Deutschland ein Jahr später durch eine friedliche Revolution wiedervereinigt sein wird? Wer hätte in Deutschland im Jahr 2006 gedacht, dass ein Jahr später das Rauchen in öffentlichen Einrichtungen verboten sein wird? Es gibt zahlreiche Beispiele dafür, dass gerade große Veränderungen anfangs belächelt und für absolut unrealistisch gehalten werden und dann doch kommen, weil die Zeit eben reif ist.

2. *„Wir brauchen keinen „Welt-Globalisierungsrat". Die Regierungen und viele vernünftige Menschen weltweit kümmern sich um die globalen Probleme und werden sie nach und nach lösen".*

   Darauf erwidere ich folgendes:

   Ist das wirklich so? Wir können natürlich darauf hoffen, dass eines Tages jeder Mensch in den reichen Industriestaaten den Ernst der Lage begreifen wird und freiwillig seinen ökologischen Fußabdruck drastisch verkleinert. Aber ist das realistisch? Wir können natürlich darauf hoffen, dass die mächtigen Regierungen unserer Welt eines Tages über ihren Schatten springen und globale Problem wie die Erderwärmung durch globale Zusammenarbeit unter Zurückstellung ihrer nationalen Interessen bekämpfen. Aber ist das realistisch? Wir können natürlich darauf hoffen, dass Bewegungen wie "Fridays for Future" sich von einem "Nischenprodukt" zu einer weltumspannenden Bewegung entwickeln und die Politik weltweit (das heißt auch in China!) in die Knie zwingen. Aber ist das realistisch? Und vor allem: Wird es dann nicht zu spät sein?

3. *„Was nur global funktioniert, funktioniert nicht".*

Darauf erwidere ich folgendes:

Grundsätzlich ist es richtig, dass Maßnahmen, die global umgesetzt werden müssen, ungleich schwieriger zu realisieren sind, als nationale Anstrengungen. Sie mögen daher auf den ersten Blick als absolut unrealistisch erscheinen. Aber hier muss ich an die vielen Fälle von Sportlern denken, die nach einem schweren Unfall extrem gehandicapt sind, teils sogar auf Dauer im Rollstuhl sitzen. Für sie ist auch auf den ersten Blick Leistungssport künftig absolut unrealistisch. Wenn sie aber mutig und aktiv ihr künftiges Leben in die Hand nehmen, landen viele von ihnen bei den Paralympics und zeigen allen Pessimisten, welche unglaublichen Leistungen ein Mensch vollbringen kann, wenn er es nur wirklich will. „Das funktioniert nicht" gibt es zwar in der Theorie, aber nicht in der Praxis.

Mein Fazit aus diesen – auf den ersten Blick absolut nachvollziehbaren - Argumenten:

Wir können weiterhin nur zaghafte kleine Veränderungen vornehmen und dadurch zuschauen, wie die Erde für Menschen immer unbewohnbarer wird. Oder wir strengen uns richtig an, um das scheinbar Unmögliche möglich zu machen.

Abschließend für alle Leserinnen und Leser, die gerne in Parabeln denken, noch eine kleine Geschichte:

Ein reicher Mann wird ins Krankenhaus eingeliefert mit Verdacht auf Krebs. Zwei Ärzte, ein Assistenzarzt und drei Pflegerinnen kümmern sich um ihn als Privatpatient.

Nach den Eingangsuntersuchungen sagt einer der Ärzte: "Ich bin mir sicher, dass er Krebs hat, aber es ist nicht so akut, wir sollten ganz langsam mit der Behandlung beginnen, damit er möglichst lange bei uns liegt. Schließlich müssen wir möglichst hohe Einnahmen erwirtschaften".

Der andere Arzt sagt: "Ich glaube nicht, dass er Krebs hat. Wir sollten ihn gut pflegen und erstmal abwarten, wie sich der Zustand entwickelt."

Der Assistenzarzt sagt: "Es ist eindeutig Krebs und er wird sich schnell ausbreiten. Wir müssen sofort mit der Behandlung beginnen".

Die Pflegerinnen sehen auch, dass der Mann leidet, aber sie haben nur geringe Handlungsbefugnis und können sich nur darum kümmern, dass es dem Patienten im Krankenhaus an nichts fehlt und regelmäßig seine Werte gemessen werden.

Der Assistenzarzt kann sich nicht durchsetzen und die beiden Ärzte diskutieren weiter, ohne dass die intensive Behandlung beginnt. Dadurch verschlechtert sich der Zustand des Patienten zusehends. Daraufhin übergeht der Assistenzarzt die beiden Ärzte und wendet sich direkt an den Oberarzt.

Der wertet die Untersuchungsergebnisse aus, zieht weitere Spezialisten hinzu und kommt dann zu folgender Entscheidung:

"Es handelt sich um Krebs und er ist lebensbedrohend. Wir müssen sofort mit einer umfassenden Behandlung beginnen.

Dazu bilden wir ein Team aus fünf Spezialisten, zu denen auch die beiden behandelnden Ärzte gehören. Sie erhalten bei Bedarf jegliche Unterstützung durch weitere Spezialisten unseres Krankenhauses.

Das Team wird mir persönlich jede Woche über die Fortschritte berichten. Wer sich weigert, meine Vorgaben auszuführen, muss mit Sanktionen rechnen".

Zähneknirschend fügen sich die beiden Ärzte und führen die Anweisungen aus. Jetzt, wo alle zusammenhelfen, zeigen sich erste Fortschritte und nach einigen Wochen geht es dem Patienten schon besser.

Liebe Leserin, lieber Leser, Sie werden schon erkannt haben, wie bei unserem akuten CO2-Problem die Rollen verteilt sind:

Der Patient ist die Erde. Die Krebserkrankung ist der Klimawandel. Die beiden Ärzte sind die Länder China und die USA. Der Assistenzarzt ist die UN und die Pflegerinnen sind Länder wie Deutschland. Was wir nicht haben, ist ein Oberarzt.

Dadurch bemühen sich Länder wie Deutschland nach Kräften, ein Problem zu lösen, bei dem sie aber global gesehen auf verlorenem Posten stehen. Die UN verfügt über das erforderliche Wissen zur Problemlösung, hat aber nicht die Macht, Lösungsvorschläge durchzusetzen.

Die Schlüsselfiguren im "CO2-Poker" sind die Hauptverursacher China und die USA. Aber die sehen das Problem nicht bzw. verdrängen es aus nationalen wirtschaftlichen Interessen. Dadurch ist der Patient "Weltbevölkerung" zu einem langen Leidensweg verurteilt.

Können wir das ändern? Ja, durch einen "Oberarzt".

Wie aber kommen wir zu einer Institution, die die vorliegenden wissenschaftlichen Erkenntnisse unabhängig und kompetent auswertet, die richtigen Schlüsse daraus zieht und dann Lösungsansätze vorgibt, an die sich alle Staaten halten müssen?

Zur Erinnerung: Es muss sich um einen demokratischen Ansatz handeln.

Weder mächtige Staaten wie die USA oder China, noch multinationale Konzerne wie "Google" oder "Facebook", noch milliardenschwere Personen oder Unternehmen wie Bill Gates oder "BlackRock" kommen dafür in Frage.

Wer oder was aber dann? Können wir die UN zu solch einer machtvollen Institution ausbauen oder brauchen wir ein zusätzliches Gremium, das sich nur um die großen globalen Fragen kümmert?

Darüber sollten wir wie gesagt weltweit diskutieren.

Das ist wichtiger als die Frage, wie hoch der Preis für eine Tonne CO2 in Deutschland sein sollte oder ob wir in Deutschland künftig kein Fleisch mehr essen dürfen und uns Urlaubsreisen verkneifen müssen.

Die derzeit in Deutschland hochemotional geführt Diskussion zu diesen Themen bringt für das Weltklima so gut wie nichts und spaltet nur die Gesellschaft.

Und die Zeit drängt: Ich habe schon Diesel-Pkw gesehen mit den Aufklebern "Feinstaub-Rebell" und "Fuck you Greta"...

P.S.
Konstruktive Rückmeldungen zu dem Buch nehme ich weiterhin gerne als email (siehe Impressum) entgegen und verarbeite sie wie bisher für spätere Auflagen.